ミラクルガール相談室

ステキ女子の片づけレッスン

Kataduke Lesson

監修：整理収納コンサルタント
瀧本真奈美

JN172845

西東社

「遅刻や忘れ物が多くていつも怒られる…」

「新しいものを買ってもワクワクしない…」

「探しても見つからないおもちゃがある…」

「洋服を選ぶのに時間がかかる…」

そのなやみ、もしかしたら
部屋を片づければ解決するかもしれないよ。

部屋が散らかっていると、落ち着かないし、

探し物も多くなって、気分がすっきりしないよね。

もし部屋がきれいなら、好きなことをしてゆっくり過ごせるし、

探し物もなくなって、毎日が楽しくなるよ。

「片づけは苦手」という人も、ただ方法がわからなかったり自分なりに続けるコツが見つけられないだけ。

本当はだれでも、「片づけ上手」になれるんだよ。

この本では、カンタンで楽しくできる片づけの方法や、キレイな部屋をキープするワザをくわしく紹介するよ。

きっと大人になってもずっとずっと役立つはず。

できることから始めて、少しずつ、

「片づけ上手なステキ女子」になろう！

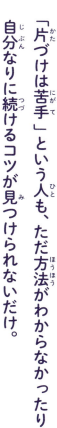

整理収納コンサルタント　瀧本真奈美

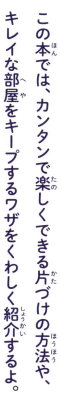

この本の読み方

片づけのなやみと解決のヒントがマンガでわかる「おなやみストーリー」を
読んだあと、解決方法がくわしくわかる「片づけレッスン」ページを読んでね。
すべてのレッスンを読み終えたら、あなたも片づけ上手になれるよ。

マンガの登場人物

ふうか

ペットボトルのおまけやヘ
アアクセサリー、キーホルダ
ーなど、こまごましたものが
大好き。ものを捨てられず、
なんでも取っておくので、部
屋の中はものでいっぱい。趣
味の手作りが楽しめる部屋
があこがれ。

ひびき

元気いっぱいだけど、ちょっ
とおおざっぱ。ものをあちこ
ちに置きっぱなしにするので、
探し物や忘れ物が多い。机の
上や部屋を片づけて、自分の
部屋で勉強したり、忘れ物を
なくしたりしたい。

プチテク

上手に収納するためのテクニックや、カンタンに作れる収納グッズを紹介。

ズボラさんにおすすめ

めんどうなときや時間がないときに、すぐにできるカンタンな収納方法を紹介。

これはNG!

キレイな部屋のために、「これだけはしちゃだめ」という例を紹介。

いずみ

りなのいとこのお姉さん。片づけと部屋づくりのアドバイスをする「整理収納コンサルタント」をしている。ふうかたちのなやみを聞いて、片づけのアドバイスをしたり、一緒に部屋を片づけたりしてくれる。

りな

おしゃれやはやっているものが大好き。「ものが増えれば収納すればいい」と、収納グッズをたくさん買うけれど、うまく片づけられない。服をきれいに整理して、もっとおしゃれを楽しみたいと思っている。

もくじ

PART 1

部屋を片づけて気分を上げよう

片づけきすれば毎日が変わる!?

おはよ〜！

おはよ〜
おはよっ〜！

ひびき！
りな！
おはよう！

あれっ

ふうかのヘアピン
新しいね〜

わかった？
かわいくて
つい〜　えへへ

ふうか
どうしたの
それ!?

ふうか
ママ

あなたね！
この部屋を
見て！

バァン

学校で
もらったの

使うの？

……

これもこれも！
もう捨てて
いいでしょう？

イヤー！
ダメー！

どっきり

ポイ

ポイ

なるほど…

キーンコーン
カーンコーン

はぁ～

大事なもの
ばかりだから
捨てたくないんだ

でも最近
部屋にいても
落ち着かなくてさ～

じゃあ宿題を
集めます！

…え？　あれ？
なんで？

持ってきた
はずなのに…!?

はーい

Compass
ABCDE

はぁ…

収納グッズいろいろ買ってるのになぜか散らかっちゃうんだよね〜

ヤバ〜

好きなものに囲まれているのに落ち着かない…

新しいものを買っても気分が上がらない…

あーあ毎日怒られてゆううつ…

なんだか毎日がすっきりしない——！

あ〜〜〜

りなちゃん？

コツ…

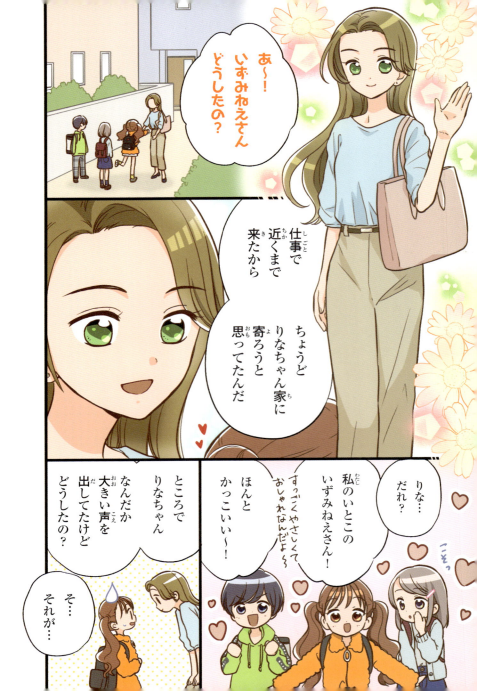

片づけをすれば
すべて
解決するよ！

ええっ

ふーん
なるほど毎日が
すっきりしない
のか…

それは…

よし！
私が3人の
部屋の片づけを
手伝うのはどう？

え!?

か…
片づけは
苦手…

私も…

私の仕事は
「整理収納コンサルタント」
っていって
お客さんに
片づけとお部屋づくりの
アドバイスをして
いるんだ

自分の
ステップアップもかねて
みんなの片づけを
手伝うよ！

や…
やった！

19

レッスン 1 部屋を片づけると毎日がステキに♡

部屋が片づくと、使いたいものがすぐに出せたり、やりたいことがすぐにできたりして、ストレスなく毎日を気持ちよく過ごせるようになるよ。

メリット ❶ 時間割がさっとできて忘れ物なし

BEFORE

算数のドリルがない～！

教科書やノートがばらばらだと、探すのに時間がかかって忘れ物が増えることも。

AFTER

これとこれと…

きれいに整理されていれば、時間割がすぐに終わるよ。

テキパキ

メリット❷
服がすぐ決まって遅刻なし

服や下着がごちゃまぜだったり、衣替えをしないままになっていたりしない？
クローゼットがきれいなら、朝の身支度が早くなるよ。

メリット❸
帰宅後にすぐやるべきことができる

ものの置き場所が決まっていないと、「あとでやればいいや」とほったらかし
にしがち。置き場所を決めれば、大切なプリントもすぐに家の人に渡せるよ。

メリット④
宿題や勉強がすぐできる

机の上にものがどっさりあると、勉強する気がなくなるよね。座るだけですぐに勉強に取りかかれる机なら、やる気も出るしはかどるよ。

メリット⑤
気分がすっきりする

部屋に入った瞬間、山積みの洗たくものがあったり、散らばったプリントがあったりすると気が重くなるよね。きれいな部屋なら、気分もすっきり。

メリット**6** 好きなことができる

BEFORE ▶ **AFTER**

好きなことに集中

今、必要なものがすぐに見つけられれば、マンガを読んだり音楽をきいたり、やりたいことがすぐできるよ。

メリット**7** 友だちを呼べる

BEFORE ▶ **AFTER**

にぎやか♡

部屋がきれいなら、友だちを呼ぶことができるね。お泊まり会だってできちゃうかも。

ぐちゃめ〜

たしかに…
毎日がうまく
いかないのは
部屋のせいかも

片づけないと
ものをなくすし
勉強ができないし
いいことないよね…

いくら
好きなものを
手に入れても
イライラ
しちゃうしね…

じつは私も
何をやっても
うまくいかなくて
イライラしてた
時期があるよ

え!?
いずみさんが!?

しんじられない〜

どうして散らかるの？
自分のタイプを知ろう

自分に当てはまる項目をチェックしてね

A

☐ 気に入ったものはコレクションしたくなる

☐ 無料、おまけ、限定ものなどに弱い

☑ だれかに「これあげる」と言われると断れない

☐ 「いつかは使うだろう」と
捨てられないものが多い

☐ 使わなくてもいざ捨てようとすると
ためらってしまう

B

- [ ] 宿題や提出物、教科書などをよく忘れる
- [ ] 何かを食べたあと片づけないで
ほうっておくことがよくある
- [x] ゴミが落ちていてもあまり気にならない
- [x] 引き出しが開けっぱなしのことがよくある
- [x] するべきことをついあとまわしにする
ことがある

C

- [ ] はやっているものはすぐにほしくなる
- [ ] 飽きっぽくて手に入れたら満足してしまう
- [x] 部屋の収納場所が足りないと思っている
- [ ] 洗たくものをたたむのが苦手
- [ ] 収納グッズをよく買ってしまう

◀◀◀ A〜Cの中で一番チェックの多かったものが
あなたのタイプ。次のページからのアドバイスを見てね。
※チェックが同じ数だった場合は両方のタイプを見てみよう。

捨てられない！
もったいない！

ためこみ タイプ

私だ〜

ものが捨てられなくて
どんどん増えていく

おまけや「タダ」と言われると、いらないものでももらってしまうタイプ。ものを捨てることができないので、「とりあえず置いておこう」とため込んだ結果、部屋がものでパンパンに。

ここを変えよう！

NO!

いる・いらないを
しっかり見極めよう

「同じようなものをもっていないか」「本当に使うか」を考えて、必要のないものはたとえ無料でも断ろう。「ひとつ買ったらひとつ手ばなす」というルールを決めてもいいね。

Bが多かったあなたは…

めんどくさい　あとでやろう…

先のばしタイプ

てへへ…

片づけるのがめんどうで散らかしっぱなし

部屋が多少散らかっていても、あまり気にしないタイプ。片づけるのがめんどうで、「明日やろう」などと先のばしにするうちに、どんどん足のふみ場もない状態になってしまう。

ここを変えよう！

めんどうにならない収納の方法を考える

ものをしまうのに、毎回フタや引き出しを開けるのはめんどう。それならトレイに「入れるだけ」にしたり、ワゴンの上に「置くだけ」にしたりと、すぐ片づけられる方法を考えよう。

Cが多かったあなたは…

とりあえずかくす収納グッズ好き
見ないふり タイプ

ばれた？

ものをおしこむけど実際には片づいていない

部屋にあいている場所があると、どんどんものを増やしてしまうタイプ。収納グッズに入れることで片づけた気になっているけれど、中身が整理されていないので、どこに何があるかわからないことも。

ここを変えよう！

収納場所を増やさずにものを減らす工夫を

ものが入り切らないからといって、収納グッズを買い足すのはダメ。入らないときはものの量を見直そう。買い物をするときは、買い過ぎないようにカゴを持たないのがおすすめ。

レッスン3 目標を決めれば やる気アップ

まずは「こうなりたい」という目標を決めよう。そしてそのために今すぐできることを考えるよ。目標を紙に書いて貼っておくのもいいね。

目標1 好きなものに囲まれて趣味を楽しむ

読書や手作りなどの趣味を楽しむには、本や道具が使いやすく整理されていることが大事。

こうしよう！
- 読まなくなった本とさようならする
- 使わないおもちゃとさようならする
- 道具を使いやすく整理する…など

★78ページからも見てね

目標2 勉強に集中して忘れ物をなくす

机の上や勉強道具を入れた棚がすっきりしていれば、勉強のやる気が出て、忘れものも減るよ。

こうしよう！
- 机の上を整理する
- いらなくなった文房具とさようならする
- 引き出しの中を必要なものだけにする
  …など

★98ページからも見てね

目標3　服を選びやすくして　おしゃれを楽しむ

クローゼットが整理されていれば、着たい服がすぐに取り出せるし、おしゃれも楽しめるよ。

こうしよう！
- 着なくなった服とさようならする
- 衣替えをする
- 今着る服を使いやすく収納する…など

★118ページからも見てね

目標4　友だちを呼んでおしゃべりする

片づけをマスターして、きれいな部屋をキープできていれば、いつ友だちが遊びに来ても大丈夫。

こうしよう！
- 床にものを置かない
- 使ったらすぐに片づける
- 片づけをくり返して片づけ上手になる…など

★146ページからも見てね

目標5　部屋の中でゆったりとくつろぐ

ベッドが片づいていたり、布団がしまわれていたりすれば、部屋がすっきりして、リラックスもできるよ。

こうしよう！
- ベッドをととのえる
- 布団を毎日片づける
- パジャマをぬいだらすぐたたむ…など

★140ページからも見てね

レッスン4 やる気の きっかけを作ろう

目標を決めても、いざ片づけを始めようとするとやる気が出なかったり、途中で飽きてしまったり…。そんなときのとっておきの方法を教えるよ。

片づける前にやる気が出ない…

音楽をかけたり 写真を撮ったりしよう

好きな音楽をききながらだと、テンションが上がるかも。片づける前の写真を撮って、「片づけたあとの写真も撮ってくらべよう！」とやる気を出すのもいいね。

家の人に手伝ってもらおう

手伝ってもらうのは、はずかしいことじゃないよ。ただし「いる・いらない」は自分で決めよう。家の人には、いらないと決めたものの処分やゴミ出しをお願いしてね。

何から始めていいかわからない…

お手本の部屋を見よう

雑誌やネットなどで自分好みのおしゃれな部屋の写真を見つければ「こんな部屋で過ごしたい！」という気持ちがわいてくるよ。収納のヒントも見つかるかも。

やり始めてもすぐに飽きてしまう…

ごほうびをつくろう

「15時までがんばれたらおやつ」などと決めれば、片づけを続ける気持ちがわいてくるかも。

タイマーをかけよう

ストップウォッチやタイマーを使って「10分間で机の上を片づける」などと決めるといいよ。

友だちを招待しよう

「友だちが来るから13時までに片づけなきゃ！」といったあせりがあれば、集中して片づけられるよ。

スケジュールを作ってみよう

短い時間でも毎日こつこつ片づけていれば、いつのまにか部屋がきれいになるよ！

月	火	水
● 机の上を片づける（10分）	● お休み	● 服を片づける（30分）

週の始まりは無理せずちょこっと

学校が長い日や習い事がある日は無理しないで

早く帰れる日はちょっとがんばってみよう

木	金	土
● おもちゃ箱を片づける（15分）	● 本棚を片づける（15分）	● 机の引き出しを片づける ● 趣味の棚を片づける（1時間）

ゴミの日の前日などにいらないものを見直そう

古紙回収日の前日にするといいね

午前中にがんばって午後は遊びに行こう

日

- ● 布団を干す
- ● シーツをあらう
- ● ほこりを取る
- ● そうじきをかける
- ● 玄関のそうじ
- ● ろうかのそうじ
- ● 時間があればもようがえ♡

おうちのひとと相談しながらどれをするか選んで一緒にやるといいね

PART 2

片（かた）づけの基本（きほん）を覚（おぼ）えよう

「出す」「分ける」「決める」を覚えよう

片づけはむずかしそうに見えるけれど、作業はたったの3つ。まずはせまい範囲からやってみよう。

ステップ **1** まずは全部出してみよう

筆箱の中やバッグの中から始めてもOK

余裕がないときは、まず筆箱やバッグの中から整理してみよう。なれたら少しずつ広い範囲も片づけられるようになるよ。

引き出しひとつ分のものを広げてみる

引き出しの中のものをすべて出してみよう。ものの量がわかれば減らす気になるし、いらないものがたくさん見つかるかも。

ステップ2　ものを分けていこう

「いる・いらない」から分けていく

いる・いらないに分けて、片づけるべきものを減らそう。そのあと、使う場所別に分けたり、同じジャンルのものごとに分けたりしよう。

これは気に入っているから「いる」

これはもう小さいから「いらない」

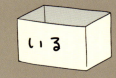
いる

まよう

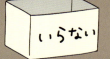
いらない

ステップ3　収納する場所を決めよう

使うときに便利な場所に置く

しまう場所を決めれば、使ったあとほったらかすことが減るよ。コツは、使いやすい場所がどこか考えることだよ。

片づけの基本ステップ❶

全部出す

まずは自分が持っているものの量を知ることが大切。机やクローゼットの引き出しひとつ分から、「全部出す」を始めよう。

自分が何をどれだけもっているかを知る

**引き出し
ひとつ分でも…**

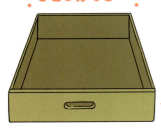

ビニールシートの上に広げて
机の上に広げるか、床にビニールシートなどをしいて広げるといいよ。

こんなにたくさんの発見が！

インクの出ないペンがある

使い終わった電池が出てきた

探してた消しゴムが見つかった！

のりやハサミがいくつもある

使えないものに「さようなら」する

もう使えないものは処分

インクの出ないペンや折れた定規など、もう使えないものはこの時点で処分しよう。

出した後の棚や引き出しをそうじする

そうじ用ダスターなどを使って

たまった汚れを、そうじ用ダスターやそうじきで取りのぞこう。時間があればぬれぞうきんでふいて、そのあとかわいたぞうきんでひとふきしよう。

分ける作業で片づけマスターに

これがうまくできれば片づけマスターになれるよ！

ものを出したら次は分ける作業

か…片づけマスター…！

まずは大ざっぱに

・部屋以外で使うもの

保護者に渡すプリント

弟にかりたマンガ

・部屋で使うもの

理科

部屋で使うものと部屋以外で使うものに分けよう

分けるコツは
まず大ざっぱに
分けること！

いる
・使っている
・これから使う
・好き

部屋の中で
使うものを
「いる・いらない」
に分けよう

いらない
・使っていない
・使う予定がない
・もう使いたくない
（好きじゃなくなった）

いらないと
思うものは
「さようなら」
しようね

ええっ！
まだ使えるのに
もったいない…

ときには
思いきりも必要！

それに
まだ使えるものは
リサイクルしたり
バザーに出したり
人にあげたり
すれば
もったいなくない
んじゃない？

そうか…！

ありがとう！

大切にしてね

とはいえ
すぐに判断できない
ものもあるよね

うんうん…

そういうときは
「まよい箱」を
つくろう

う〜〜ん…

シール

いる　　まよう　　いらない

ただし
定期的に見直して

いらないと
思ったら
「さようなら」だよ

いままで
ありがとう

はーい！

「とっておきたい
けど使わない」ものは
写真に撮って残すとか

「1箱分だけ」と
決めて
宝物箱に入れても
いいかもね

パシャ

Trash

次はそうやって残ったものをアイテムごとに分けるよ

これもまず大ざっぱに

趣味の棚に置くもの

机まわりに置くもの

クローゼットに置くもの…と分けよう

服

算数

勉強セット

ぶんぼうぐ
文房具

ペンたて

ぬいぐるみ

ペットボトルおまけ

キーホルダー

マンガ

床にシートをしいて並べたり

紙袋を並べてどんどん入れていったりするとラクチン！

シール

ペン類

鉛筆

マスキング
テープ

消しゴム

メモ

その他

さらに今度は
たとえば
机まわりに
置くものの中でも

鉛筆　ノート
プリント…と
細かく分けて
いくよ

小さいころ
あつめてた

キャラ消しゴム

おねえちゃん
ありがとー！

これあげる！

う〜ん…

もしもここで
「文房具が多いな」
と感じたら

また
「いる・いらない」
に分けようね

鉛筆
消しゴム

学校用

習い事用

リビングで
宿題をするとき用

同じアイテムが
いくつか
あったら
「学校用」
「習い事用」と
分けてもいいね

なんだか
めんどくさいな…

分けないで
とりあえず
どんどんしまって
いっちゃダメ？

確かに
そのほうが早く
終わりそう
だよね

うんうん

でも「分ける」って
すごく大切なこと

いる・いらないを
考えずにとりあえず
しまっていくと…

あ…
また
ぬいぐるみが
出てきた…

棚はもう
いっぱいだ
けど…

とりあえず
無理やり
入れちゃおう！

ぎゅうぎゅう
じぃぃ

ぎっしり…

うーん…

レッスン 7

片づけの基本ステップ❷

分ける

いるものといらないものに分ければ、ものが減って片づけるのがラクになるよ。
悩むときは「まよい箱」を作って入れよう。

この順序で分けてみよう

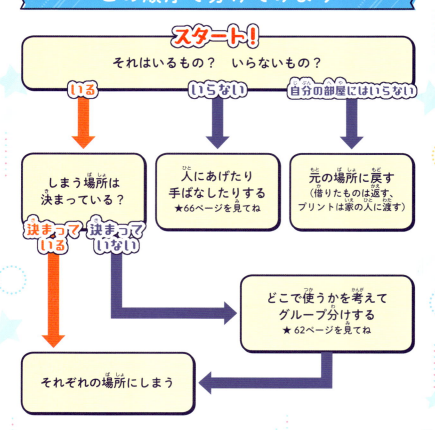

スタート！

それはいるもの？　いらないもの？

- **いる**
- **いらない**
- **自分の部屋にはいらない**

いる → しまう場所は決まっている？
- **決まっている**
- **決まっていない** → どこで使うかを考えてグループ分けする ★62ページを見てね

いらない → 人にあげたり手ばなしたりする ★66ページを見てね

自分の部屋にはいらない → 元の場所に戻す（借りたものは返す、プリントは家の人に渡す）

→ それぞれの場所にしまう

「いる・いらない」の分け方

3つの基準で考えよう！

❶ 今使っている？
今使っている文房具や、よく着る服は、「いる」ものとして取っておこう。

❷ これから使う？
使う予定のある文房具や服は「いる」。使い終わった教科書や小さくなった服などは「いらない」。

❸ 今も好き？
今は好みが変わって使わなくなったものは「いらない」という判断も必要。

✕ もう使えないもの
インクが出ない

ファスナーがこわれた

穴があいた

✕ 使う予定がないもの
NOTE
ドリル
昔の教科書やノート

小さくなった服　　古い手紙

✕ もう使いたくないもの
もう好みではない

今は集めていない

服の好みが変わった

まようときは…
「まよい箱」を作って入れておこう。ただし1か月に1度は見直して、いらないものは手ばなそう。箱からものがあふれないようにしようね。

まようもの

★「さようなら」する方法は66ページを見てね

使う場所に合わせてグループ分け

「いる」ものをグループ分けしよう。趣味の棚を片づけているときに机で使うものが出てきたら、いったん紙袋などに入れておくといいね。

文房具や教科書・ノートなど
→ 勉強のグループ

本やおもちゃ、ゲームなど
→ 趣味のグループ

服や帽子など身につけるもの
→ クローゼットのグループ

これはどのグループ？

のり
勉強でしか使わないなら「勉強のグループ」、工作など手作りをするときに使うなら「趣味のグループ」に。

工作で作ったもの
えんぴつ立てなど、勉強に使えるものは「勉強のグループ」、かざりなどは「趣味のグループ」に。

さらにアイテムごとに細かく分けよう

文房具なら「えんぴつ」「はさみ」「メモ帳」、趣味のものなら「本」「おもちゃ」「ぬいぐるみ」などとさらに細かく分けて、ものの量を見直そう。

えんぴつが多すぎる

学校用、習い事用、リビングでの勉強用などに分けよう。

はさみが2本もある

机の引き出しと、手作りするときの道具入れなど、分けて入れてみよう。

メモ帳が多すぎる

リビングに置いたり、家族にあげたりしてもいいね。

消しゴムが多い

使えないほど小さいものは手ばなして。新品だけど使う予定がないものは、人にあげよう。

マンガが多すぎてほかの本が棚に入らない

取っておきたいマンガだけ残すか、家族に相談してリビングなどに置かせてもらおう。

これは **NG！**

✕ 分けずにとりあえず収納

ものが入りきらなくなって困るかも。めんどうでも分ける作業を続けるうちに、「いる・いらない」の判断が早くなるし、ものを大切にする気持ちがわくよ。

「いる・いらない」に迷ったときは

使わないけれど捨てたくないものって、あるよね。そんなときは写真に撮ったり思い出箱に入れたりして保存しよう。

写真に撮って保存する

作品

1か月など期間を決めてかざり、その後は写真に撮って手ばなそう。何歳のときの作品かわかるようにして、作品アルバムを作るのもいいね。

5年生のとき

服や小物

体に服をあてたりして写真を撮ろう。ぬいぐるみや小物も手に持って撮影すると、あとで見返したときに思い出として楽しめるよ。

「思い出箱」に入れる

思い出の手紙や通知表

丈夫な箱に入れて保存しよう。箱の外側に、何が入っているか書いておこうね。

⚠️ **注意**

箱はひとつだけにしよう
箱を増やしてしまうと、どんどんものが増えるし収納場所に困ってしまうよ。

1年に一度は見直そう
いらないものを定期的に手ばなせば、新しい思い出のものを入れられるよ。

ファイルに整理する

プリントやテスト結果など

あとで見やすいようにクリアブックなどに入れよう。教科ごとにファイルすると、必要なときに見やすいよ。学期が終わるごとに、いらないものに「さようなら」しよう。

ズボラさんにおすすめ

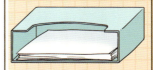

とにかくどんどん入れるだけ！

ファイルボックスを横置きにしてどんどん重ねていこう。いっぱいになったら、下の古いプリントから捨てていくといいよ。

いらないものと「さようなら」する方法

「まだ使えるのにもったいない」と思うと、どんどんいらないものが増えるよね。
いろいろな手ばなす方法を考えてみよう。

おもに3つの方法がある

あげる

きょうだいや親せき、友だちなどにあげたり、寄付をしたりしてみよう。

リサイクル

フリーマーケットやインターネットオークションに出してみよう。お金のやりとりがあるので必ず大人と一緒にね。

捨てる

汚れたりこわれたりして、どうしても人にあげたり売ったりできないものは、「ありがとう」の気持ちを込めて捨てよう。

★ ぬいぐるみや人形を捨てるのをためらうときは、近くのお寺や神社で供養してくれることもあるよ。

あげたりリサイクルしたりする前に

ぬいぐるみや人形

まだ使える？

中の綿が出ていたり、ボタンが外れたりしていないかチェック。こわれたものは人にゆずらない。

汚れはなくきれい？

ぬいぐるみは一度洗ってキレイにしよう。人形は汚れをふきとって。

服や小物はついている？

着せ替え用の服やバッグなどの小物があれば、一緒にあげよう。

おもちゃや本

カードはすべてそろってる？

トランプやかるたなどは1枚でも欠けていると遊べないよ。箱がきれいかもチェックを。

パズルは全ピースある？

1ピースでも欠けていたら、ダメ。あげるときはシートなどに入れてね。

本は読める状態？

ページが抜けていたり読めないほど汚れていたりしない？シリーズものなどで巻がそろっていない場合は正直に伝えよう。

服

まだ使える？

穴が開いていたり、すそがほつれていたりしないかチェック。

下着ではない？

パンツやブラをゆずるのはやめよう。くつ下や水着も、使ったものをいやがる人が多いので気をつけて。

汚れはなくきれい？

ゆずる前に、必ず一度洗たくをするかクリーニングに出そう。小さな汚れがあれば正直に伝えて。

片づけは場所き決めればゴール

ものを全部出して分けられたら最後に場所決めだよ

あの本どこ〜？

あれ〜？

私…棚のどこに何を入れたかすぐわからなくなるんだよね

お〜い

ホッチキスどこだ〜

そうすると使いたいときに見つからなくなるんだよね！

そうそう

だから全部机の上に置いちゃう！

それは場所を決めていないからだね

場所さえ決めればものを出してもすぐにしまうことができるから散らかりにくいよ

ファッション誌はここ…と

スッ

ひびきちゃんは忘れ物が多くて困ってるんだよね

は…
はい

宿題
持っていき
わすれ

プリント
渡してない
etc

算数
5-1 伊藤ひびき
Compass

保護者のみなさんへ
担任

もしかして机の上に学校の道具以外のものも置いてない？

Compass

ドキッ

軽いものは
上の方に置くと
取り出しやすいよ

それから
重いものは
下の方に

ぬいぐるみ

鳥類図鑑

キラスプ

本

ヘアピン
ヘアゴム

あみぐるみ
ポンポン

ふわぷに
スクイーズ
キット

手作りキットの箱

あ…あの
しまう場所が
決められない
ときは…

そのときは
仮置き場を
つくろう

ただし！
「まよい箱」と一緒で
早めに場所を
決めようね

なんだか
自信が
なくなって
きちゃった…

はぁ

大丈夫！
来週は
ふうかちゃんの家に行って
一緒に片づけようね！

はい！

片づけの基本ステップ❸ しまう場所を決める

ものの置き場所が決まると、しまうのがラクになり、部屋が散らかりにくくなるよ。よく使うものと、そうでないものは、分けて収納しよう。

グループごとにしまう場所を決めよう

しまう場所に対してものが多いと感じたら、もう一度「いる・いらない」を考えよう。グループ分けしたものを「今すぐ使うもの」とそれ以外に分けておくと、場所決めがラクになるよ。

文房具など 勉強にかかわるもの → **勉強机へ**

本やおもちゃ、ゲームなど → **趣味の棚へ**

服や帽子など 身につけるもの → **クローゼットへ**

使い方で場所を決めよう

棚の場合

一番目立つ上の段
かざっておきたいものや軽いもの

取り出しやすい中段
よく使うものや少し重いもの

取り出しにくい下の段
あまり使わないものや重いもの

 ものをすきまなく詰め込むと取り出しにくいし、しまうのがめんどうになるよ。ゆとりを作ろう。

引き出しの場合

取り出しやすい上の段
ふだんよく使うものや軽いもの

中段
ときどき使うもの

下の段
あまり使わないものや重いもの

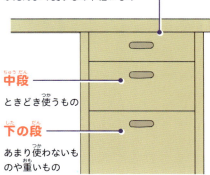

奥は取り出しにくいので、あまり使わないものを入れる

取り出しやすい手前には、よく使うものを入れる

片づけをする タイミングを知ろう

「いつ片づければいいの？」と思っているあなたは、ここにあるタイミングの例を見て、できることからやってみてね。

たとえばこんなタイミングで

毎日
- 使ったらしまう
- 寝る前に5分だけ片づける

週末や雨の日
- どこか1か所を決めて片づける

月に1回
- いらなくなった本やおもちゃを整理する

学期の終わり
- いらなくなったプリントやドリルを整理する

季節の変わり目
- 衣替えをしながらいらなくなった服を手ばなす

1年に1回
- 使わない教科書やノートを手ばなす

毎日できる「ちょこっと片づけ」

出したらしまう

使ったらすぐもとの場所に片づける習慣が身につけば、部屋が散らかりにくくなるよ。

目につくところを片づける

「寝る前に机の上だけきれいにする」などと決めよう。目に見えるところがきれいになっていると、翌朝も気分がいいよ。

ズボラさんにおすすめ

いったん箱などに入れて週末に片づける

こまめに片づけるのが苦手な人は、いったん箱やカゴにものを入れておこう。ものが1か所にまとまっていれば、とりあえず床や机の上が散らかるのを防げるよ。週末に必ず中身を片づけようね。

いらないものを整理するタイミング

プリントやドリル

学期が終わるころがおすすめ

テストやドリルでまちがえた問題は、復習ノートを作ってそのつど書き写しておくと、捨てるときに見返さずにすんでラクチン。

見終わったプリント

返された小テスト

全部やりきったドリル

もう見る必要がないと思ったら捨てよう！

服

季節の変わり目がおすすめ

衣替えをするときに、同時に「いる・いらない」を考えよう。今年一度も着なかったものは、来年も着る可能性は低いから、手ばなしたほうがいいかも。

小さくなった服

穴のあいたもの

もう着ない服

手ばなすか迷ったら130ページを見てね

教科書やノート

春休みがおすすめ

新しい教科書をもらう前に机の上をすっきりさせよう。教科書は見返すこともあるから、ファイルボックスなどに入れて1年間は保存するのがおすすめ。

古い教科書の保存方法は117ページを見てね

PART 3

自分の部屋を片づけよう

や…やっぱりスゴイ…！

とにかくものが多すぎる！

まずはいる・いらないに分けるよ～

さぁー！やるよ！

ひぇぇ…お…お手やわらかにお願いします

じゃあまず箱を3つ用意して！ビニールシートもあればお願いね！

は…はい！

ひ…人が変わった？

テキパキ

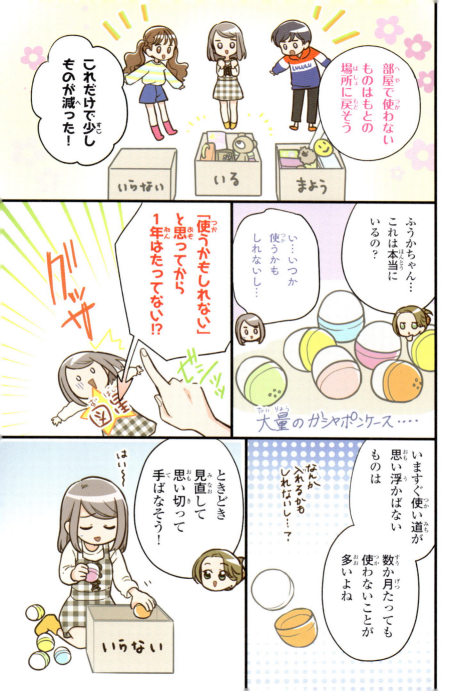

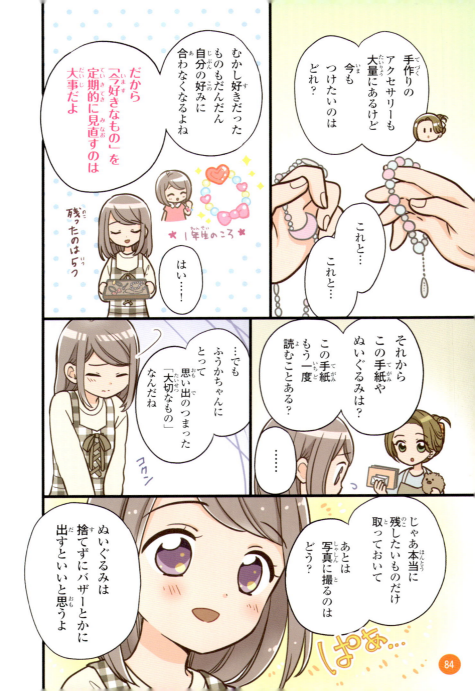

手作りのアクセサリーも大量にあるけど今もつけたいのはどれ？

これと…

これと…

むかし好きだったものもだんだん自分の好みに合わなくなるよね

だから「今好きなもの」を定期的に見直すのは大事だよ

★1年生のころ★

残ったのは5つ

はい…！

それからこの手紙やぬいぐるみは？この手紙もう一度読むことある？

……

…でもふうかちゃんにとって思い出のつまった「大切なもの」なんだね

じゃあ本当に残しておきたいものだけ取っておいてあとは写真に撮るのはどう？

ぬいぐるみは捨てずにバザーとかに出すといいと思うよ

ぱぁ…

84

いらない　まよう　いる

はい！

さあこの調子でどんどんいこう！

パシャッ

すっからかん

30分後（ふんご）

ど————ん

よし！じゃあ次（つぎ）は

いるものをアイテムごとに分（わ）けるよ

は——っ！

これは学校（がっこう）のもの

これは趣味（しゅみ）のもの…

……

結果（けっか）は…

マンガ

君と恋する日

にじいろ

ぬいぐるみ

もりもり!!

雑誌（ざっし）

キラスペ

はろー！

アクセサリー

ぶさいくキーホルダー

85

アイテムごとに まとめて置こう

おもちゃや本やぬいぐるみや手作りキットなど、趣味のものがいっぱい詰まった棚を整理して、すっきりした理想の棚をめざそう。

BEFORE

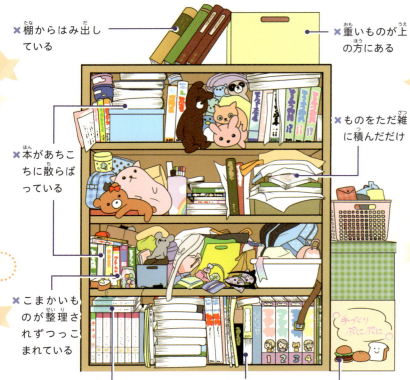

✘棚からはみ出している

✘重いものが上の方にある

✘本があちこちに散らばっている

✘ものをただ雑に積んだだけ

✘こまかいものが整理されずつっこまれている

✘本が横積みになっている

✘すき間に本を詰め込んでいて下の本が取れない

✘棚に入りきらず床にあふれている

AFTER

○軽いものが上にある

○同じジャンルのものがまとまっている

○目につきやすいところにすてきなかざりがある

○こまかいものはカゴなどに入れて整理されている

○本は高さ順に取り出しやすく並べられている

○ものがきちんとおさまって棚の回りがすっきりしている

○重いものやあまり使わないものが下の段にある

片づけのPOINT

1段ごとにアイテムを分けよう

本とおもちゃとぬいぐるみがごちゃまぜに入っていると、見た目が悪いし探すのが大変。1段ごとにアイテムを分けるとすっきりするよ。

趣味のものを分ける

趣味の棚にあるものを全部出したら、いる・いらないを考えて分けよう。
使わないけれど取っておきたいものは、写真などに撮って残そう。

趣味のものの分け方のルール

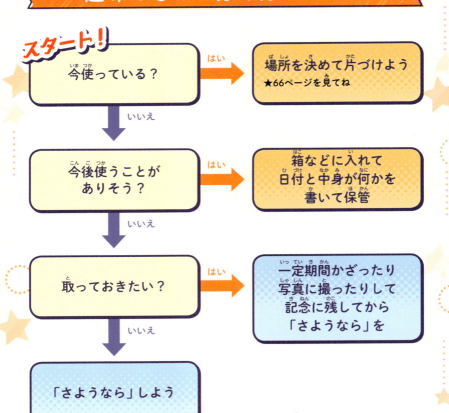

スタート！

今使っている？ ──はい→ 場所を決めて片づけよう
★66ページを見てね

↓いいえ

今後使うことがありそう？ ──はい→ 箱などに入れて日付と中身が何かを書いて保管

↓いいえ

取っておきたい？ ──はい→ 一定期間かざったり写真に撮ったりして記念に残してから「さようなら」を

↓いいえ

「さようなら」しよう

友だちとの手紙を整理する

もらった手紙は読み返すことが少なくても捨てたくないもの。
上手な整理と保存の仕方を教えるよ。

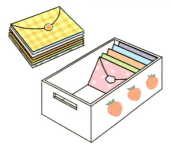

プチテク

クリアブックに保存

便せんを封筒から出してクリアブックに入れれば、すぐに手紙を読み直せるよ。だれからもらったかわかるよう封筒も一緒に入れよう。

残したいものだけ取っておく

もう一度読んで「これは取っておきたい」と思うものだけ保存しよう。住所だけが必要ならアドレス帳などに書き写して。

自分の作品を整理する

図工の時間にかいた絵や夏休みの自由研究などは、
思い出があって捨てにくいよね。写真に撮ってから「さようなら」しよう。

一定期間だけかざる

作品をかざる場所を決めて、一定期間かざって楽しもう。新しい作品が増えたら入れかえるといいね。

写真に残す

かざり終わったら写真に撮って残そう。作った学年や日付もわかるように撮っておくといいよ。

小物を分けて片づける

手作りのキットやお絵かきセット、マスキングテープやシールなど、趣味のものには小物がいっぱい。片づけやすく出しやすい方法を考えよう。

まずは使う目的ごとに分けよう

トランプやゲーム類を同じ箱に入れたり、手紙セットにえんぴつやペンを入れたり、目的別にものをしまうと使いやすく片づけやすいよ。

お絵かきセット

自由帳と色えんぴつやクレヨンなどをセットにしておこう。

手紙セット

レターセットのほか、シールや切手、ペンもセットにしておくと便利。

手作りセット

材料や道具をひとまとめにしておこう。こまかい材料は仕切りケースに入れてね。

こまかいものの収納方法

ビーズなどは… **仕切りケースに**

色や形ごとに分けて入れられるから、作業がしやすいよ。ビーズは大きさによってケースを変えると片づけやすくなるよ。

マスキングテープは… **専用ケースに**

100円ショップなどにはいろいろな専用ケースがあるよ。自分が持っているテープの量に合わせて、使いやすいものを選ぼう。

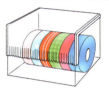

作りかけのものは… **透明な小分け袋に**

中身が見えるから、忘れずにまた作業に戻ることができるよ。作りかけのパズルのピースを入れるのにも便利。

シールや切手は… **クリアブックに**

はがきを入れる小さめのクリアブックに、種類や金額ごとに分けて入れておけば、使いたいときにすぐに必要なものが探せるよ。

プチテク

食品用ラップケースでマステ収納

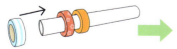

使い終わったラップ芯にマステを通して…

ラップケースに入れるだけ。フタをしめればマステをカットできるよ。

> ケースをマステでデコるとかわいい！

レッスン 15 本棚は3つのルールで整理しよう

小説やマンガ、雑誌のほか、ときどき使う百科事典や思い出の絵本など、大切な本を上手に片づけよう。

本棚の3つのルール

ルール1 軽い本は上に

落ちてもあまり危なくない軽い本は上の段に。表紙を見せてかざったり、月ごとに本をかえたりしてもいいね。

ルール2 よく読む本は取り出しやすい高さに

何度も読む本は、探しやすく取り出しやすい高さの段に入れるといいよ。

ルール3 重い本は下に

落ちると危ない重い本は、必ず下の段に。本棚も安定するよ。

本を入れるときのポイント

高さ順にするときれい

本をジャンルごとに分けたら、あとは高さ順に並べると、見た目がきれいになるよ。

余裕をもって入れる

スムーズに本をしまえるよう、本と本の間に余裕をもたせよう。

借りた本は別の場所に

自分の本とごちゃまぜになると、見つからなくなることも。カゴなどに分けておこう。

これはNG！

✕ ぎゅうぎゅうに詰め込む

無理に本を詰め込むと、本を取り出しにくくなるし、片づけるのがめんどうになるよ。

✕ 本を積み重ねる

いったん本を積みだすと、どんどん上に積んでしまい、下にある本が取り出せなくなるよ。

プチテク

本立てやブックエンド、ファイルボックスを活用

仕切りができると本が倒れなくなるし、適度なすき間もできるから、本の取り出しや片づけがラクになるよ。

レッスン 16 趣味の棚の おしゃれアイデア

いろいろなものが入った趣味の棚は、カラフルでどうしてもごちゃごちゃして見えるもの。箱やカゴを使いながらすっきり見せよう。

ぬいぐるみの収納アイデア

カゴなどに入れて置く

床や棚にそのままならべるより、カゴや箱に入れた方が、ほこりがつきにくくそうじもしやすいよ。

トートバッグに入れてつるす

浅めの大きなトートバッグやかごに入れてつるせば、部屋のインテリアにもなるよ。

これはNG!

✕ ぬいぐるみを重ねない

人形やぬいぐるみを積み重ねると、なんだか苦しそうに見えるよね。積み重ねずに大切に収納してあげよう。

棚の小物をおしゃれに収納するコツ

 **なるべく
色をそろえる**

色が多いとごちゃごちゃして見えるよ。好きなテーマカラーを決めて、なるべく同系色でそろえよう。

 **収納グッズを
おそろいにする**

同じデザインの収納グッズをならべるとすっきりするよ。入れるものに合わせて、収納グッズを選ぼう。

プラスチック製の
カップや容器

ヘアピンやキーホルダーなどのこまかいものは、100円ショップなどで売っている透明なプラスチック製のカップや容器に入れよう。ガラスは危ないからやめようね。

中身の見えない
ケース

手作りキットの材料や人からもらった手紙は、透明ケースに入れるとごちゃごちゃして見えるよ。中身の見えないプラスチックケースやカゴに入れてラベリング※をしよう。

ふたつきの箱

使い終わった教科書やノートなど、めったに使わない重いものは、ほこりが入らないようにふたつきの箱に入れてラベリングをするといいよ。

ワイヤーバスケット

借りた本や読みかけの本など、外から見えた方がいいものや、大きめのものを入れるのがおすすめ。トランプなどのおもちゃや、ポーチを入れても。

※ラベリング…マスキングテープなどに中身の名前を書いてケースに貼ること。

やりたいことが
すぐにできるし

作ったものを
しまう場所も
できたし

部屋にいるのが
すっごく
楽しくなったよ！

ピカー

すごい…
部屋が
片づくだけで
こんなに
変わるんだ…

にこ
にこ

ふたりもきっと
変わるよ！
今度の日曜は
ひびきの家で
片づけだよね

うん！
なんだか楽しみに
なってきた！

それなら机まわりには勉強以外のものは置かない!

…ひびきちゃんは忘れ物をなくして勉強に集中できるようになりたいのよね…

は…はい

それに床がものだらけで

これじゃ宿題しようとしても机までたどりつけないよね!

え…いや…床はところどころ見えてるし机まで行けますよ!

・・・・・

「床が見えればいい」じゃダメ!

それだとものを山積みにしてしまうでしょ!

たしかに…

ゲーム機

トイカメラ

移動

趣味のものは
棚に置いて

机まわりは
勉強のものだけに
しましょう！

腕時計　ぬいぐるみ　マンガ　etc

カーテンで
かくすと
いいよ！

机のそばに
趣味の
棚があると

勉強のときに
目移りしちゃう

から

さあ！
じゃあ
「全部出す」を
始めよう

まずは
机の上からね

はい！

出すときに
勉強で使うものと
それ以外のものを
ざっくり分けておくと
あとがラクだよ

次は
引き出し！

はい！

次は…

はい！

1時間後──

趣味のもの

勉強のもの

ドーーーン!!

ひびきちゃん…
机の下に
押し込んであった
古い教科書や
ノートはなに?

テ…
テストとかあれば
見返すかな〜って

じっ…

おつかれさまー

ぜぇ…はぁ…

取っておく
必要のないものは
名前をぬりつぶして
回収に出そう

キュッ

ひびき

見返したこと
ある?

……

教科書を
捨てるのが不安なら
年度ごとに
ファイルボックスに
入れて
古いものから
捨てていくのが
おすすめ!

※机の一番下の引き出しなどに入れよう

これもこれも日付がすごく古いよね

いつもママに提出期限を過ぎてるって怒られる…

ママ〜あのこれ〜

エッ!?きのう提出だったの!?

プリントを出し忘れないように

ひびきちゃんはリビングにバッグの一時置き場を作って

自分の部屋に行く前にプリントを出すくせをつけるといいね

なるほど！

期限が切れているプリントは捨てて取っておくものはファイルしよう！

めんどうなら専用のカゴに入れるだけでもいいよ

ひびき学校

ひびき〜えんぴつがこんなにあるけど…

どっさり

次は学校のものをしまう場所を決めよう

いくつかポイントがあるよ

机の上には教科書や辞書を立てて置こうね

すぐ宿題ができるようによけいなものは置かないこと！

ドキッ

正面にある引き出しは

座っているときに取り出しにくいから文房具を入れると

やりかけの宿題をしまえるようふだんはなにも入れないのがおすすめ

毎日使う文房具はペン立てに入れるか一番上の引き出しに入れれば

すぐ勉強する気になれるよ！

ほぉ！

106

勉強に関係ないものを置かない

机が物置きになっていない？ 一度ものを置くと、どんどん上から置いてしまうから、まずはきれいにリセットしよう！

BEFORE

✗本がバラバラに入っている

✗大切なプリントがほうり出されている

✗勉強に関係ないものでいっぱい

✗通学バッグが床にほうり出されている

✗引き出しの中が整理されていない

✗引き出しがしまらない

✦ ✦ AFTER ✦ ✦

本が立ててあり
取り出しやすい

文房具がすぐに
手に取れる

机の上が
すっきり
している

英和辞典
国語辞典

バッグがき
ちんとかけ
られている

引き出しの中が整理されている

引き出しがきちん
としまる

机の上で必要なものだけを置く

勉強や工作、手紙を書くなど、机の上で作業するために必要なものは
机まわりに収納して、それ以外は別の場所に。いすに上着や洗たくも
のを置くのもやめようね。

レッスン 18 机まわりのアイテムを分けよう

机を片づけるときには、引き出しひとつ分ずつ中身を出して、分ける作業をするといいよ。たくさんある文房具は人にゆずるといいね。

机まわりのものの分け方のルール

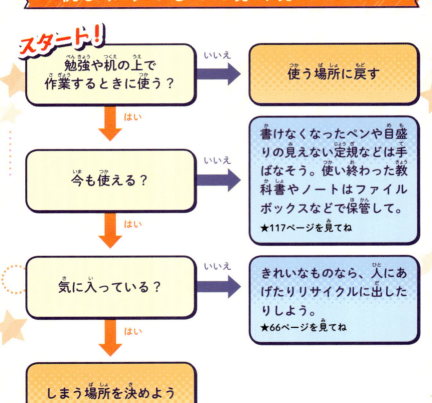

スタート！

勉強や机の上で作業するときに使う？ → **いいえ** → 使う場所に戻す

↓ **はい**

今も使える？ → **いいえ** → 書けなくなったペンや目盛りの見えない定規などは手ばなそう。使い終わった教科書やノートはファイルボックスなどで保管して。
★117ページを見てね

↓ **はい**

気に入っている？ → **いいえ** → きれいなものなら、人にあげたりリサイクルに出したりしよう。
★66ページを見てね

↓ **はい**

しまう場所を決めよう

捨てたくない文房具がたくさんあるときは

学校用

習い事用

学校用、習い事用などに分けて

すべてを引き出しにしまうと取り出しにくくなるよ。ペンケースやトレイに分けて入れて、リビングなどに置こう。

机で勉強するとき用

リビングで勉強するとき用

プチテク

まだ使えるノートはメモ帳に

白紙のページが残ったノートを捨てるのはもったいないよね。メモ帳を作るのがおすすめだよ。

❶白紙の部分を切り取り、さらに好きな大きさにそろえて切る。

❷クリップでまとめる。

「明日は机の片づけ」など、することを書いて机に置いておくと便利だよ。

これはNG！

✕ 引き出しいっぱいにものを詰め込む

「詰め込めば入るから」とものを整理しないと、使いたいものが取り出しにくくなったり、片づけにくくなったりするよ。引き出しの中には余裕を作っておこう。

引き出しは便利な使い方がある

引き出しになんとなくものを入れてない？実はそれぞれ使いやすくなる工夫があるよ。

引き出しのおすすめの使い方

いすの前の引き出し

いすに座ると引き出しを開けづらい場所なので、文房具などは入れないのがおすすめ。やりかけの宿題や、夏休み中の課題をいったん入れておく場所にしよう。

一番上の引き出し

座ったまま引き出しやすいので、よく使う文房具を入れよう。

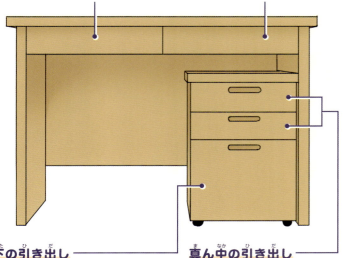

一番下の引き出し

高さがあるので、ときどき見返すかもしれない古い教科書やノート、ドリルなどを立てて入れよう。

真ん中の引き出し

セロハンテープなどたまに使う文房具やメモ帳などを入れよう。レターセットなど、勉強以外で使うものを入れるのもおすすめ。

手前によく使うものを入れよう

奥には予備を入れておこう。

シャープペンの芯やホッチキスの針など、めったに使わないものは奥に。

アイテムごとに分けてトレイに入れよう。

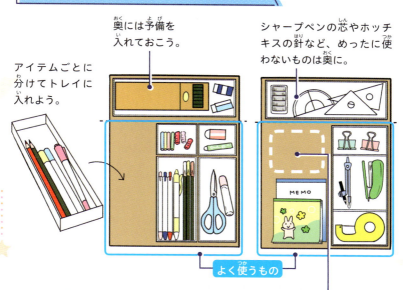

よく使うもの

ポイント ぎっしり入れずにすき間をあけておくと、ものが取り出しやすいし、新しいものが増えても困らないよ。

プチテク

持ち運ぶものは透明バッグに収納しても

勉強や手紙を書く作業を部屋とリビングの両方でする人は、道具をまとめて透明バッグなどに入れると、持ち運べて便利だよ。一番下の引き出しに立てて収納するのもおすすめ。

レッスン20 机の上の3つのルール

デスクライトや教科書などの必要なもの以外は置かないのがおすすめ。机の上がシンプルだと、勉強中に気が散るのを防いでくれるよ。

ルール1 教科書は科目ごとに立てる

きき手と反対側にライトを置くことが多いから、本立てはきき手側に置こう。手の届きやすい手前に、よく使う教科のものを置くと便利。

教科書とノートを分けずに、教科ごとにセットにすると、勉強も時間割もラクになるよ。

辞書は本棚よりも机の上に置く方が、すぐに調べものをしたいときに便利。

本立てがないときは

ブックエンドをならべて使おう

ファイルボックスをならべて使おう

※どちらもたくさん入れすぎると倒れるので、小分けにして入れよう。

ルール2 ペン立ては自分に合ったものを

文房具を引き出しではなくペン立てに入れて机の上に置くときは、
自分に合った使いやすいものを選ぼう。

分けないタイプ

仕分けを気にせずポンポン片づけられる。

ざっくり分けタイプ

ペンと道具を分けて入れられて便利。

ななめ入れタイプ

スペースをとらず、ペンを取り出しやすい。

これはNG!

どのペン立ても、ぎゅうぎゅうにものを入れると取り出しにくく片づけるのがイヤになるよ。毎日使うものだけ入れて、それ以外は引き出しにしまおう。

ルール3 プリントはトレイで分ける

毎日学校でもらうプリントは、ほうっておくとどんどんたまるから、すぐに分けるのが大事。机やリビングに浅めのトレイを置いて、たまる前に整理をしよう。

期限があるもの

リビングのトレイへ

家の人に渡すプリントはリビングのトレイへ。家の人から返されるプリントを入れるトレイもあると、さらに便利。

それ以外のプリント

時間がないときはいったん机の上のトレイに入れよう。たまる前に目を通して、いらないものは捨てよう。

学校で使うものはまとめて置く

机のそばには、学校や勉強で使うものを入れた棚を置いておくと、時間割などに便利。使いやすいように整理してものを入れよう。

学校のものを置く棚を決めよう

通学バッグを置ける棚がおすすめ。学校があるときと、長い休みのときとで、中に入れるものを入れかえると使いやすいよ。

ふだんは…

上の段

通学バッグや、月曜日に持っていく体操服やランチョンマット、上ばきなどを入れておく。

下の段

習い事のバッグや、毎日は使わないものを入れる。ほこりがつかないようカゴなどに入れるのがおすすめ。

長い休み中は…

上の段

習い事などで毎日使うバッグと、持ち帰った教科書やノートなどを入れておく。休み中も使うものは、机の上の本立てに置こう。

★114ページを見てね

下の段

しばらく使わない通学バッグや書道バックなどを入れておく。

使い終わった教科書やノートを収納する

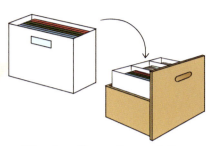

机の引き出しに入れる場合

横向きに入れられるファイルボックスに収納して、一番下の引き出しに入れよう。

棚に入れる場合

縦向きに入れられるファイルボックスに収納して、棚に立てて置こう。

プチテク

ボックスを反対向きにするとすっきり！

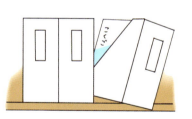

教科書やノートの背表紙が見えると、棚の中がごちゃごちゃして見えるよね。ファイルボックスを反対向きに置くとすっきりするよ。ボックスにはラベリング（97ページ）をしておこう。

棚を置くスペースがないときは

カラーボックスを横にして机の下へ

「サイズが合うか」「座ったときに足のじゃまにならないか」を確かめてから、カラーボックスを置こう。見えにくいから、定期的に整理してね。

クローゼットを片づけよう

おはよう
ございまーす

お、伊藤おはよう
最近は遅刻ギリギリ
じゃないな

えへへ
宿題も
バッチリです！

お——！

部屋と机が
すっきりしたら
なんか頭も
シャキッとしてさ

どこに何があるか
わかるから
ものを探さなくていいし

ガサッ

プリントもすぐ
渡すようにしたから
ママにも
ほめられたよ！

ママ
きょうのプリント！

最近
忘れ物も
全然ないもんね！

りなは
収納グッズ好きだし
私たちより
部屋が片づいてそう！

え…
そ…そう…？

すごぉい！

いよいよ
明日は
私の番かぁ

たのしみ♪

ふたりとも
最近
明るいしね！

りなちゃん
ものを
ただ詰め込むのは
片づけるとは
言わないよ

みんなが来るから
とりあえず
片づけたのに…!

は…
はずかしい…!!

せっかくおしゃれ
したいのに
これじゃ楽しめないん
じゃない？

うん…
着たい服が
見つからないし
いざ見つかっても
しわだらけで…

結局
いつも同じ服
ばかりになるんだ

あのワンピ
どこだ～？

しわ
しわ

・・・・

それに
服を詰め込んだ
ままにすると
虫に食われたり
ホコリがたまったり
するよ

虫くいの穴

よし！
まずは全部
出そう！

や…
やっぱりするの…？

122

今すぐ着ない冬物やマフラーなどのアイテムは箱にしまおう

りな冬服

キュキュ

りな冬アイテム

箱の外側に何が入っているか書いておいてね

コートはクリーニングに出してから片づけて

※重いと危ないので軽い箱にして入れ過ぎないように。

クローゼットの上の方や押入れの奥に入れておくよ

よいしょ

りな冬服

しわになる冬服はハンガーにかけてきき手と反対側の端に寄せるといいよ

これで衣替えもカンタン！

今着る服がまとまってうれしい！

りなは右ききだから取りやすい右側に今着る服をかけて左側に冬服をかけるよ

次は今着る服を使いやすいように分けるよ

アウターやしわになりやすい服はハンガーにかけよう

服のかけ方にもポイントがあるよ

きき手と反対側にオフシーズンの服を長さ順にかける

きき手側に今着る服を長さ順にかける

右ききの場合！

ほお～～～

端から中央に向かって長さ順にかけるとすっきりするよね

かけやすい！

毎日着る服はフックを使うと便利だよ

服はこんなふうにたたんで入れると探しやすくなるよ

たたむ

2つ折り

「わ」になった部分を上にして立てる

次は引き出し!

「下着やくつ下」「トップス」「ボトムス」などアイテムごとに分けよう

バッグや帽子は1か所にまとめて置くかフックにかけよう

ハンカチとティッシュは同じカゴに入れると取り出しやすいね

これで朝バタバタしなくてすみそう!

わぁ!

今着る服をまとめてアイテムごとに整理

服がしわだらけになったり、毎日服を選ぶのに時間がかかったりするのはもうイヤだよね。すっきりしたクローゼットをめざそう。

BEFORE

- ✖ 季節やアイテムごとに分かれていない
- ✖ クローゼットに関係ないものがある
- ✖ 服がぎゅうぎゅうで取り出しにくい
- ✖ 引き出しの中がいっぱいでしまらない
- ✖ 服やバッグが積み重ねられている

AFTER

- オフシーズンのものは別にまとめてある

- 服をアイテムや長さで分けて、余裕をもってかけてある

- 帽子や小物はポールハンガーなどにかけてある

- バッグがきれいに収納されている

- 引き出しの中がアイテムごとに整理されている

片づけのPOINT

衣替えのタイミングで整理しよう

季節に合わせて衣替えをして、そのつどクローゼットの中を整理しよう。ハンガーラックも引き出しもたくさん詰め込まずにアイテムごとに分けて収納をしようね。

服の「いる・いらない」を考えて分ける

気に入った服はつい買いたくなるけれど、その前に、今持っている服の「いる・いらない」を考えて、量を見直そう。

服の分け方のルール

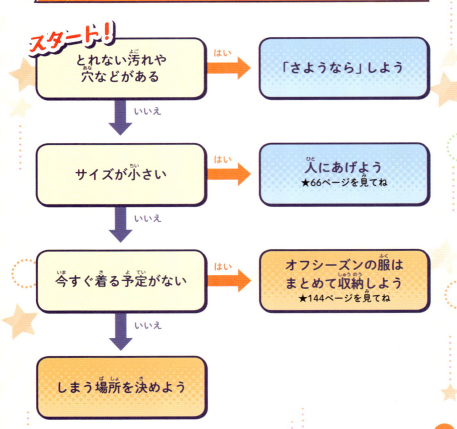

スタート！

とれない汚れや穴などがある

→ はい → 「さようなら」しよう

↓ いいえ

サイズが小さい

→ はい → 人にあげよう ★66ページを見てね

↓ いいえ

今すぐ着る予定がない

→ はい → オフシーズンの服はまとめて収納しよう ★144ページを見てね

↓ いいえ

しまう場所を決めよう

迷ったときは一度着てみよう

サイズは合っているのに着ない服があるなら、一度着てみよう。
なぜ着る気になれないのかがわかれば、手ばなしやすくなるよ。

こんなことに気づくかも

合わせる服が
見つからない

すぐしわになるか
らアイロンをかけ
るのがめんどう

なんとなく
にあわない

もう好きでは
ないかも…

思い出のもので
手ばなしにくいときは
写真で残そう

サイズが小さくなる前に、服
を着た写真を撮っておくとい
いね。着られなくなっても、
服を体にあてて写真を撮るだ
けでも思い出になるよ。

プチテク ### 色別に分けると
ムダなものがわかる

同じような色やデザインの服が2枚あって、
一方しか着ていない場合は、もう一方の服
を手ばなしてもいいかも。

ハンガーラックは二手に分ける

ハンガーラックを使うと服をたたまずにすんでラクチン。でもごちゃっとしないように工夫しようね。

かけすぎないようにして二手に分ける

オフシーズンの服

たためないコートやしわが気になるブラウスなどは、じゃまにならないようきき手と反対側に寄せておこう。

今着る服

きき手側にかけると出し入れがしやすい。丈の長さ順にならべるとすっきりして、衣装ラックも置きやすくなるよ。

プチテク

ハンガーをかけすぎるとぎゅうぎゅうになって、服どうしがこすれていたんだり、服を取り出しにくくなったりするよ。ポールの長さの半分くらいまでの量にしよう。

ハンガーのかけかた

トップス

首からハンガーを入れると、生地がのびちゃうよ。必ず、すそからハンガーを通そう。

スカートやズボン

専用のハンガーを使うと便利。ない場合は普通のハンガーに洗たくばさみをつけよう。

プチテク

ニットをかけるときはそでを肩にかけて

重いニットはそのままかけると腕の部分の重みで型くずれをすることも。そでの部分を肩にかけよう。

ハンガーラックがすっきり見えるコツ

ハンガーをそろえる

服の色がバラバラでも、ハンガーの色やデザインをそろえるだけで、すっきり見えるよ。細めのハンガーなら、たくさんかけられるね。

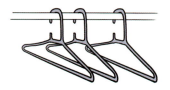

色別にならべる

長さ順ではなく色別にならべるのもすっきり見えるコツ。長さ順にしてから色別にすれば、洋服屋さんのようなきれいな見た目に。

レッスン25 服も引き出しに分けて収納する

服を入れる引き出しは必ずアイテムごとに分けて入れよう。ひとめで必要なものが取り出せるようにするとラクだよ。

アイテムごとに分けて入れよう

使いやすいように、自分の背よりも低い衣装ケースを使おう。

下着や小物
パンツ、ブラ、キャミソール、くつ下など

トップス
Tシャツ、ブラウス、トレーナー、ニットなど

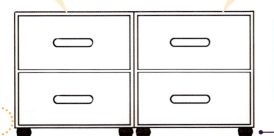

ポイント
キャスター付きなら、動かして床をそうじできるよ！

ボトムス
ズボン、スカートなど

その他
タイツやレッグウォーマーなど毎日は使わないアイテムや、パジャマなど

引き出しの使い方

服は立てて収納

寝かせて収納すると、下の方にある服が出しづらいから、立てて収納しよう。

奥にしまって手前から使う

服を順番に着ることによって、「着ない服」がなくなるよ。

仕切りケースなどで仕切ると、服が倒れにくくなるから、選んだり取り出したりしやすくなるよ。

下着はひとつずつ
入れられるケースが便利

こまかくマス目状に分かれたケースがあれば、くつ下やパンツを丸めてひとつずつ入れられるから、散らかりにくいよ。

ズボラさんにおすすめ

下着はたたんだり丸めたりする方が見た目がいいけれど、どうしてもめんどうなときは、種類ごとにケースを作って、そのままほうりこんでもいいよ。

バッグや帽子、小物の片づけテク

かけたり、つるしたり、置いたり…といろいろな方法があるよ。大切なのは、ものが傷つかないこと。クローゼットに合わせていい方法を探してね。

フックやポールハンガーにかける

ドアなどにフックをつけてかける
場所をとらず、出し入れがしやすいよ。

⚠️ **注意**
かけすぎるとごちゃごちゃするので、いつも使うものだけにしよう。

ポールハンガーにかける
毎日使う帽子やバッグをかけると、一度に準備がすんでラクチン。

⚠️ **注意**
重いものをかけると倒れやすいので、なるべく軽いものにして、かけすぎないように。

ハンガーラックにかけたS字フックにつるす

ハンガーラックにS字フックをつけてアイテムをつるして並べることで、どのアイテムにするか選びやすくなるよ。

⚠️ **注意**
たくさんつるすと場所を取るので、小物の量を調整しよう。

ファイルボックスに入れる

ファイルボックスを使うと重くてつるせないバッグも、置いて収納できるよ。横にして使えば帽子やマフラーも入れられるね。

⚠️ **注意** 横にして積み重ねると倒れやすいので、軽いものだけ入れよう。

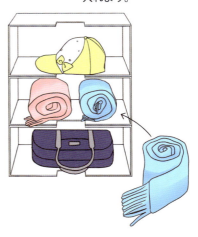

服をきれいに たたむウラワザ

きれいに服をたたんで引き出しに入れれば、服が探しやすくなるし見た目もきれい。できるときだけでもいいから、少しずつやってみよう。

トップス

❶服を裏返して中央に下じきをあてる。

❷下じきに合わせて両そでをたたむ。

❸下じきの下の辺にあわせて服を上にたたむ。

❹ひっくりかえして下じきをぬく。

❺もう一度折って引き出しへ。

ズボラさんにおすすめ

カンタンなたたみかたでもOK！

服は毎日のように片づけるから、短時間でストレスなくたためる方法でも大丈夫。

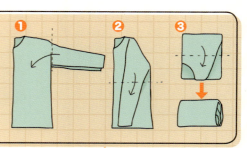

❶　❷　❸

キャミソール

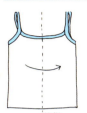

❶たて半分に
折る。

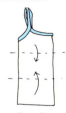

❷三つ折りに
する。

パンツ

❶左右を折る。

❷三つ折りにする。

❸すそ部分にキャミソールのひもの部分を差し込む。

❸ウエストのゴムに下の部分を差し込む。

くつ下

❶一方のくつ下に、もう一方を入れて重ねる。

❷三つ折りにする。

❸片側をはき口の中に差し込む。

❶両側を折る。

❷はき口の中につま先部分を差し込む。

ズボラさんにおすすめ

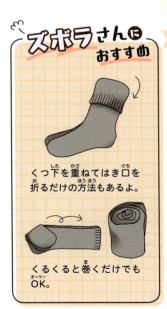

くつ下を重ねてはき口を折るだけの方法もあるよ。

くるくると巻くだけでもオーケーOK。

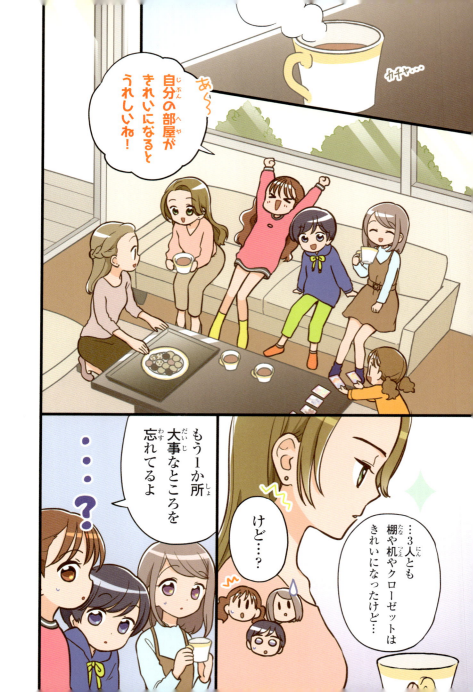

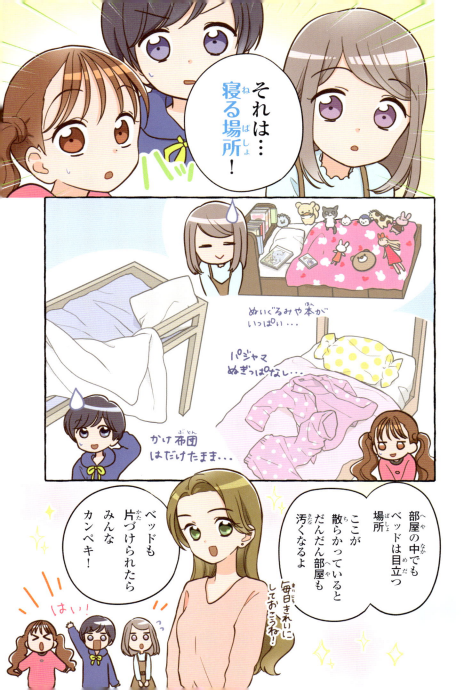

レッスン 28 ベッドまわりを ととのえよう

部屋のなかで一番目立つ場所はベッド。ここが汚いと部屋の印象も悪くなるよ。清潔感を大切にしよう。

毎日ベッドをきれいにしよう

布団がめくれていたり、シーツがはがれていたりすると、だらしなく見えるよね。夜、気持ちよく眠りにつくためにも、毎日ととのえよう。

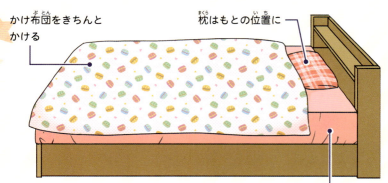

かけ布団をきちんとかける

枕はもとの位置に

シーツがはみ出ていたらととのえる

プチテク

起きてしばらくは布団をめくっておく

起きたばかりの布団の中は湿気がこもっているから、すぐにかけ布団をかぶせるとカビやすくなるよ。かけ布団をめくり、湿った空気を逃そう。朝の準備をしている間に乾かして、出かける前にベッドをととのえて。

パジャマは軽くたたんでおこう

ベッドの上にパジャマを脱ぎっぱなしにするのはだめ。
軽くたたんでベッドの上に置くか、かけ布団の中に入れておこう。

ズボラさんにおすすめ

たたむのがめんどうな場合は、くるっと丸めてカゴなどに入れておこう。

布団のたたみ方

かけ布団も敷布団も干して湿気を逃してから片づけよう。

敷布団は
三つ折りに

かけ布団や
毛布は
四つ折りに

枕を置いて
ひとまとめに

プチテク 枕の上にタオルをかける

顔の汗がつく枕カバーは毎日替えたいもの。カバーの上に清潔なタオルをかければ、カンタンに取り替えられるよ。

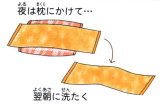

夜は枕にかけて…

翌朝に洗たく

衣替えをしよう

衣替えはめんどうなものと思っていない？ カンタンにできる工夫を教えるよ。

クローゼットに奥行きがあるときは

ふたつのワゴンを使う

今着る服とオフシーズンの服を別々のワゴンにしまって、奥にオフシーズンのワゴン、手前に今着る服のワゴンを置こう。衣替えのときはワゴンを入れ替えるだけ。

オフシーズンの服

今着る服

ハンガーラックが2段あるときは

上下を入れ替える

手の届きやすい高さの方に今着る服をかけよう。衣替えのときは、ハンガーラックの上下を入れ替えるだけでいいよ。

収納場所が多いときは

引き出しごと入れ替える

今着る服とオフシーズンの服を、それぞれ同じ種類の衣装ケースに入れよう。引き出しを入れ替えるだけですむよ。安全のために軽いケースを選んで、服は少なめに入れようね。

PART4

きれいな部屋をキープしよう

こんもり…

↑
洗たくから
あがった服たち

りなも
ゆだんすると
もとに戻っちゃう
かもよ…

そんなこと…

あ…
ありうる
かも…

よし！
もう一度
いずみねえさんに
教えてもらいに
行こう！

うん！

そうなると
思ってた

ふふふ

ええ!?

いずみさん〜！
SOS！

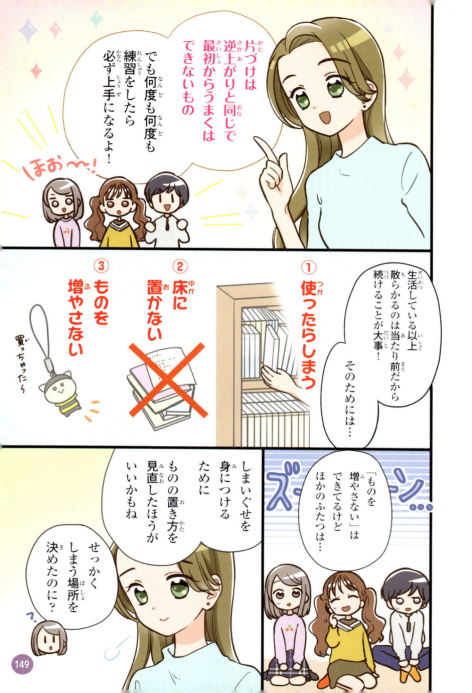

片づけは逆上がりと同じで最初からうまくはできないもの

でも何度も何度も練習をしたら必ず上手になるよ!

ほお〜!

生活している以上散らかるのは当たり前だから続けることが大事!

そのためには…

① 使ったらしまう

② 床に置かない

③ ものを増やさない

買っちゃったら

「ものを増やさない」はできてるけどほかのふたつは…

ズーン…

しまいぐせを身につけるためにものの置き方を見直したほうがいいかもね

せっかくしまう場所を決めたのに?

うまくいかないときは工夫してみよう

しまいづらいと思ったら置き場所を変えてもいいんだよ

たとえばふうかちゃん、えんぴつとレターセットはどこにしまってる？

えんぴつは机の引き出しにしまって…

レターセットは趣味の棚に置いてるんですけど、それぞれの場所にしまうのが最近めんどうで…

手紙だしにいこー

ここにしまうはず

それならえんぴつをペン立てに入れて移動させたり

レターセットとえんぴつをまとめて机の引き出しに入れたら？

そっか！それなら片づけるのもラク！

150

ひびきちゃんは朝の準備のたびにあちこち動き回っているんだよね

は…はい

学校に持っていくものをひとつのワゴンにまとめて置いたら？

なるほど〜ママにワゴンをおねだりしてみよう！

ハンカチ&ティッシュ

絵の具バッグや書道バッグ

工夫しながら片づけを続けていればきっとみんな片づけが得意になるよ！

ものの置き場所を見直そう

置き場所を決めても散らかるのは、少ない動作で片づけられないからかもしれないよ。カンタンにもとに戻せる場所に置き直そう。

取り出しくい、片づけにくいと感じたら

収納場所を変えてみる

机で勉強以外のこともするなら、必要なものを引き出しに入れよう。逆に「引き出しに入れたけどまったく使わないな」と思うものは、別の場所に移動を。

家具の置き場所を変えてみる

ベッドで本を読む習慣があるなら、本棚はそばにあるほうが便利。自分の行動を振り返って家具の置き場所を変えてもいいね。

重い…

軽い!

収納グッズを変えてみる

重くて取り出しにくい収納グッズは、出し入れや片づけが大変になることも。よく使うものは、取り出しやすい収納グッズに変えよう。

できるだけ少ない動作ですませる工夫をする

「えんぴつは筆箱」
「レターセットは趣味の棚」だと
しまうときの動作が多い

1. 筆箱を開ける
2. えんぴつを筆箱に戻す
3. 筆箱のふたを閉める
4. 引き出しを開ける
5. 筆箱を引き出しに戻す
6. 引き出しを閉める
7. 立ち上がってレターセットを趣味の棚に戻す

筆箱をやめて
レターセットとえんぴつを
トレイにひとまとめにして
机の引き出しに入れると…

ラクチン！

1. 引き出しを開ける
2. トレイを取り出す
3. 引き出しを閉める

プチテク

学校の用意をひとつにまとめるとラクチン！

キャスター付きワゴンにまとめれば、そうじもしやすく便利。このワゴンは玄関やリビングに置かせてもらう方法もあるよ。

上ばきや体操服などを入れておく

ハンカチやティッシュをトレイに入れる

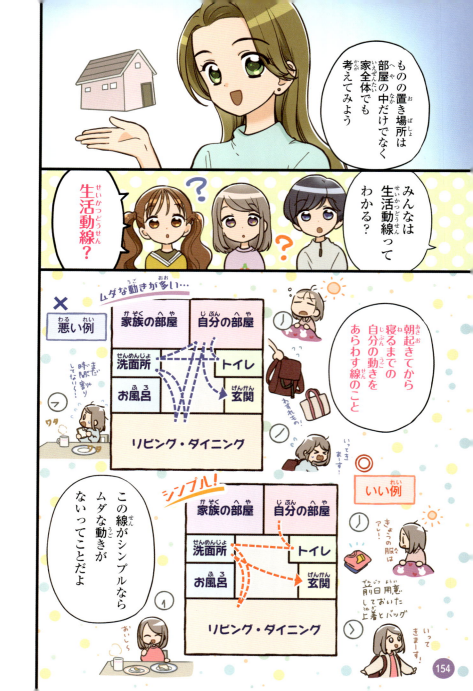

ものの置き場所は部屋の中だけでなく家全体でも考えてみよう

みんなは生活動線ってわかる？

生活動線？

朝起きてから寝るまでの自分の動きをあらわす線のこと

×悪い例 ムダな動きが多い…

家族の部屋　自分の部屋
洗面所　トイレ
お風呂　玄関
リビング・ダイニング

時間、まだ割りしてないく！！

ワタ

◎いい例

きょうの服はコレ！

前日用意しておいた上着とバッグ

いってきまーす！

この線がシンプルならムダな動きがないってことだよ

シンプル！

家族の部屋　自分の部屋
洗面所　トイレ
お風呂　玄関
リビング・ダイニング

おいし〜

154

たとえば上着やハンカチの置き場を玄関にすれば

部屋に取りに行かなくてすむし忘れものも減るよね

前日の夜に準備をしたバッグを玄関に置いておけば

朝することがひとつ減って動線もシンプルになるよ

ほんとだ〜!

自分の動線を考えて家の人と相談しながら置き場所を決めようね!

155

動きに合わせて置き場所を決めよう

片づけるためだけに部屋に戻るのがめんどうで、ついものを置きっぱなしにすることがあるよね。ムダのない動きができるよう工夫しよう。

生活動線に沿って置く場所を決めよう

自分の動きを考えて、どこにものを置けば片づけやすくなるか考えてみよう。家の人にも協力してもらってね。

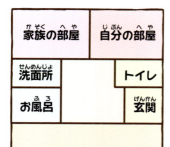

家族の部屋	自分の部屋
洗面所	トイレ
お風呂	玄関
リビング・ダイニング	

リビングに通学バッグを置く場所があれば、プリントを出したり、リビングで宿題したりするのがラク

玄関に上着や帽子を置く場所があれば、帰宅してすぐに片づけられる

プチテク 「おうちバッグ」を作る

家の中を移動するときは、「リビング（または部屋）に持っていくものはないかな？」とつねに考えよう。自分専用のバッグを作って、必要なものを入れて、持って移動すると便利だよ。

パジャマ

上着と帽子

バッグに入れておいて、あとで部屋やリビングに運ぼう！

朝の動きと置き場所を見直そう

朝の準備は大変。洗面所や玄関に必要なものを置く工夫をしよう。

BEFORE

服が決まらない〜

時間割そろえてない

宿題どこに置いたっけ？

プリントをリビングに忘れてきた！

バタバタ…

ヘアゴムを部屋に置いてきた〜！

バタバタ…

部屋に上着と帽子を取りにいかないと…

あ〜ハンカチを部屋に置いてきた〜

バタバタ…
遅刻する〜！

AFTER

部屋で着替えと準備

着る服を前の日にカゴに入れて準備

宿題とプリントは通学バッグに入れて玄関に置いてある

洗面所で身だしなみ

洗面所にヘアゴムとピンを置いてあるから便利

玄関でいってきます

玄関に朝必要なものを置いてあるからすぐに出かけられる

157

夕方 の動きと置き場所を見直そう

リビングに自分のものやプリントを置く場所を作ると便利だよ。

BEFORE

リビングに通学バッグや上着をほうり出してたら怒られた…

バタバタ…

AFTER

帰宅後に洗面所で手洗い・うがい

リビングに通学バッグの置き場所があるからラクラク

プリントを入れたまま通学バックを部屋に置いてきちゃった

おやつを食べてたら「プリントを出しなさい!」と怒られた…

リビングでおやつ

プリントを入れるトレイを作ったから、プリントがなくならなくなった

おやつを食べている間にママがプリントを返してくれたから、すぐバッグに入れよう

おやつの途中なのにまた部屋に戻らなきゃ…

バタバタ…

自分の部屋

ごちそうさま～通学バッグを持って部屋に行こう♪

夜 の動きと置き場所を見直そう

「おうちバッグ」を使ってものを運ぶと、動きがスムーズになるよ。

BEFORE

AFTER

部屋で 宿題

宿題はあとで片づけよう

時間割も明日でいいや… 早くリビングで遊ぼう！

宿題のあと時間割も 終わらせて、リビングに 行くついでに通学バッグも 持っていこう（途中で 玄関に置いていこう）

リビングで くつろぐ

リビングでトランプ しようと思ってたのに、 部屋に忘れた！

バタバタ…

「おうちバッグ」に パジャマを入れて リビングに持っていこう

お風呂

お風呂の時間だけど パジャマを取りにいくのがめんどう… と思ってたら、ママに怒られた

パジャマを部屋に取りに行くときに、 リビングにトランプを忘れてきた… また怒られる〜

バタバタ…

リビングにトランプを 置いてあるから すぐに遊べる！

パジャマがあるから 部屋に戻らずに お風呂に直行できる

おなやみストーリー❾

そうじきマスターしよう

そういえば…みんなそうじは定期的にしてる？

いずみさんに教わったことはちゃんとやってるよー

えっへん！

片づけはものを減らしたり収納したりしてリセットすること

そうじは汚れを取る作業だよ

そ…そうだったのーーは

ガーーーン

さてはみんな…片づけとそうじは同じと思ってる？

え？

160

はい！

小さなことでも
ほうっておくと
どんどん部屋が
汚れていくからね

それとは別に
週に1度は
しっかりとそうじを
するといいね

そうじきをかける

ほこりをはらう

布団を干す

ゴミをまとめる

シーツを替える

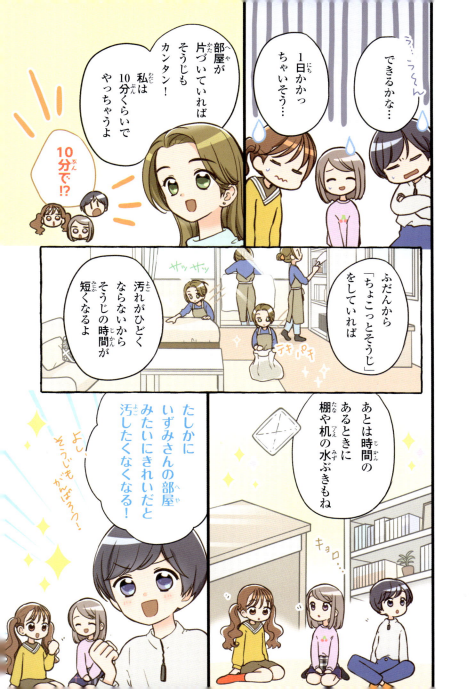

ふだんからそうじの習慣をつけよう

毎日少しずつでもそうじしていれば、汚れがたまりにくくなるから、月1回などの大そうじがラクになるよ。

毎日できるちょこっとそうじ

ゴミや消しかすはすぐ捨てる

小さなゴミでもほうっておくと、どんどんたまって部屋が汚くなるよ。勉強や作業が終わったらすぐに消しかすやゴミを捨てる習慣をつけよう。

汚れたらすぐにそうじする

落ちた髪の毛はすぐにそうじしよう。テーブルについた汚れは、ほうっておくと取りづらくなるから、すぐにふきとろうね。

そうじ道具は近くに置く

目の前にそうじ道具があれば、汚れがついたときすぐに
そうじをする気になるよね。こんなところに置いておくのがおすすめ。

ほこりとりやカーペットクリーナーを棚の横につるしておく

ウェットティッシュをすぐ手に取れる机の上などに置いておく

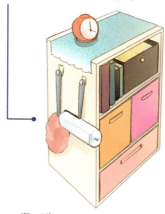

ゴミ箱は机のそばなど、
ゴミが出やすい場所の
近くに置いておく

プチテク

えんぴつけずりの カスはいったん 袋に入れて

そのままゴミ箱に入れると、
袋がやぶれたりゴミ箱が倒れ
たりしたときに悲惨なことに
……。いったん小さい袋に入
れよう。

❶箱ごと袋の中に
入れてそっと中
身を捨てる。

❷空気を抜いて
結ぶ。

❸ゴミ箱に
入れる。

レッスン 32 週に1回のしっかりそうじ

ふだんは学校などで忙しくても、週末にはしっかりとそうじをしたいもの。何度もそうじするうちに短い時間ですませられるようになるよ。

そうじの流れ

① 窓を開ける

人の動きにあわせてほこりも動いたり増えたりするから、そうじは朝の早い時間がベスト。

↓

② 布団を干す

早朝や夕方は布団が湿気を吸うから、10 ～ 15時頃に干そう。シーツやカバーも洗ってね。

↓

③ ほこりをはらう

ほこりは上から下に落ちるから、必ず上にあるものからほこりをはらおう。

↓

④ そうじきをかける

床には何もものがない状態にしておくと、そうじきがかけやすいよ。

↓

⑤ ゴミを捨てる

そうじきのゴミがたまっていたら捨てよう。部屋の中のゴミも集めて捨てようね。

↓

終了

上手なそうじきのかけ方

○ 背筋をなるべく
のばして力をか
けすぎない。

○ 部屋の手前から奥に向
かってそうじを。きれい
になったところを歩く。

これはNG！

力を入れて床に押しつけ
たり、急いで動かしたり
すると、吸引力が下がっ
てしまうよ。 ✕

○ ゆっくりと前後に動かす。
1往復5〜6秒くらい。

じゅうたんの場合
毛の流れに逆らって手前に引く

そうじきは押すときに
ゴミがかきだされて、
引くときにゴミが吸わ
れるよ。モードは「強」
にしてね。

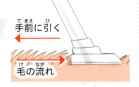

手前に引く

毛の流れ

たたみの場合
たたみの目に沿って動かす

たたみがいたまないよ
うに、目に沿ってそう
じきをゆっくりと動か
そう。モードは「弱」が
おすすめ。

部屋のすみは
ノズルを変えてしっかりとる

専用のノズルにつけか
えて、しっかり吸い込
もう。ウェットティッ
シュでふき取ってもい
いね。

時間のあるときの すっきりそうじ

長い休みのタイミングなどに床や棚のそうじをしておこう。汚れがたまりづらくなるから、大みそかのそうじもラクになるよ。

床をピカピカにしよう

フローリングの場合は、ウェットタイプのペーパーモップを使って、カンタンに床をピカピカにしよう。

POINT❶
部屋の奥から入り口に向かってかける

入り口から奥に向かってかけると、ぬれているところを踏むことになるよ。うしろに下がりながら、ぬれたところを踏まないようにしてモップをかけよう。

POINT❷
木目に沿ってゆっくりかける

木目に逆らうと、すき間にほこりがつまりやすくなるから、必ず木目に沿ってかけよう。力を入れすぎない方が、床をふく力が均等にかかって、ほこりが取れやすくなるよ。

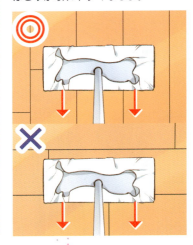

ぞうきんで棚や机を水ぶきしよう

ものがたくさん詰まっている棚には、ほこりもいっぱい。
すみっこにたまりやすいから、めんどうでも、ものを全部出してそうじしよう。

POINT❶
ものを出してほこりを取る

ものをすべて出して、ハンディモップなどでほこりを取ろう。1段ずつそうじするのはだめ。ほこりは上から下に落ちるから、下の段にあるものが汚れるよ。

POINT❷
上から下の順にふく

汚れは上から下に落ちるから、必ず上の段からふき始めよう。水ぶきのあとは、かわいたぞうきんで二度ぶきをしてね。しっかりかわいたら、ものを戻そう。

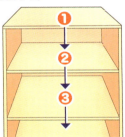

プチテク ほこりがたまらないようにする3つのコツ

❶空気を入れ替える
部屋の窓とドアを開けて、空気の通りをよくしよう。そうじをしたあともしばらく開けておいて、ほこりを追い出そう。

❷ものの量を見直す
ものが多いとほこりも増えるよ。とくに布製品はほこりがたくさん出るから、必要なもの以外は出さないように。

❸ほこりをはらう
服についたほこりを家に持ち込んでしまうことも。家に入る前に、パッパッと服のほこりをはらうといいよ。

学校でも片づけをしよう

部屋がきれいになったら、学校でもぜひ片づけをしよう。

道具箱

✖ ゴミを入れない！
✖ 詰め込まない！

机の引き出しと同じように、空き箱やトレイなどで仕切ると使いやすいよ。よく使うものを手前に入れよう。

学校のロッカー

通学バッグは、かたひもがたれ下がらないように入れよう。教科書を入れる場合は、取り出しやすいように立てて入れよう。

通学バッグ

プリント
そのまま入れるとぐちゃぐちゃに。必ずケースに入れよう。

教科書・ノート
科目ごとにセットにして、手前から時間割の順に並べよう。そのまま机に入れれば、時間割順に使いたいものが取れるよ。

筆箱
えんぴつがけずってあるか、消しゴムや定規は使える状態になっているか確認。

170

PART5

家の中の共有の場所も片づけよう

共有スペースも片づけよう

※共有スペース＝家の中でみんなで使う場所のこと。

私も今朝ね…

…ってね…

フンフン♪

今日もばっちり！いってきまーす！

ちょっと待ちなさい

？？？

家の中で過ごすときの片づけマナー

自分の部屋だけでなく、家の中も片づいている方が気分がいいよね。毎日できるカンタンな片づけのマナーを紹介するよ。

4つの「ぱなし」をやめよう

✕ 出しっぱなし

リモコンやつめ切りなど、みんなで使うものをしまわずに出しっぱなしにしていない？

✕ 置きっぱなし

ソファやダイニングのいすに脱いだ服やバッグを置きっぱなしにしていない？

✕ つけっぱなし

部屋を出るときに、テレビや部屋の電気などをつけっぱなしにしていない？

✕ 汚しっぱなし

こぼれた飲み物や、食べこぼしなどの汚れを、そのままにしていない？

家の中が片づくといいことがいっぱい

みんなが気持ちよく過ごせる

家を汚しているのは、おうちの人だけじゃないよね。学校をそうじするのと同じように、みんなで過ごす家の中も、みんなで協力してそうじしよう。

友だちを呼べる

自分の部屋がいくらきれいでも、玄関やトイレが汚いと友だちを呼びにくいよね。家の中がきれいなら、友だちにも気持ちよく過ごしてもらえるよ。

外出先でのエチケットが身につく

共有スペースを片づけてみんなで気持ちよく使う習慣が身についていれば、外出先や友だちの家でも役に立つよ。

リビング・ダイニング の片づけマナー

みんなで食事をしたりゆっくり過ごしたりする場所にものがあふれていると、落ち着かないよね。気づいたところから片づけよう。

リビングの片づけマナー

自分のものをつい置きっぱなしにしないよう、気をつけよう。

服は脱ぎっぱなしにしないで自分の部屋へ

自分のバッグなどを一時的に置くときは、じゃまにならないところに

リモコンなどは、使い終わったら決められた場所に戻す

ダイニングの片づけマナー

宿題などをする場合は、終わったあとすぐに片づけてテーブルをふこう。

いすは出しっぱなしにせず、テーブルに戻す

部屋を出るときは電気を消す

勉強などの作業が終わったらすぐに片づける

消しゴムのかすやゴミはすぐに捨てる

使った食器は台所に下げてすぐに洗う

汚れたらきれいにふく

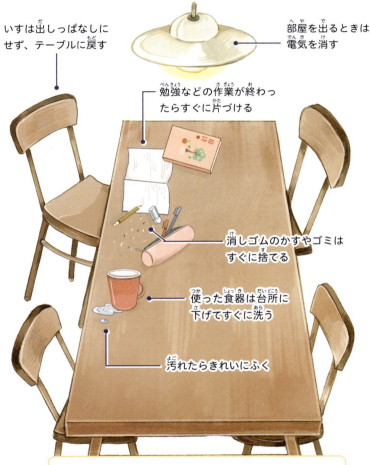

そうじをするときは

自分の部屋と同じように、テーブルや棚は水ぶきをして、床はそうじきやフローリングワイパーなどでそうじしよう。

玄関の片づけマナー

毎日出入りする玄関は汚れがち。宅配の人やお客さんに見られるところだから、いつでもきれいにしておこう。

くつ箱・かさ立ての片づけマナー

帰宅したときに、ついものを置いてしまいがち。すぐしまう習慣をつけよう。

なくしてはいけないカギはもとの場所に戻す

外から持ち帰ったゴミはゴミ箱へ

自分のものは自分の部屋へ

かさは晴れた日に広げて干して、かわいてから閉じてかさ立てに戻す

玄関ホールの片づけマナー

自分だけが使う場所じゃないから、くつを何足も出すのはやめようね。

くつ箱を開けっぱなしにせず、使ったらすぐ閉める

ボールはネットなどに入れてつり下げる

くつを出すなら1足まで。そろえてくつ箱側のじゃまにならないところに置く

スリッパははきやすいようにそろえておく

マットがずれていたらもとに戻す

そうじをするときは

くつ箱はくつを全部出してほこりや砂を取り、ぞうきんでふこう。床はほうきではこう。

※床によってそうじの方法がちがうこともあるので、家の人に確かめてね。

洗面所・脱衣所の片づけマナー

自分のあとに使う人がイヤな気持ちにならないように、使ったあとは汚れていないかチェックして、清潔感をキープしよう。

洗面所の片づけマナー

髪の毛が落ちていたり、水があちこちにとんでいたりしないか確認を。

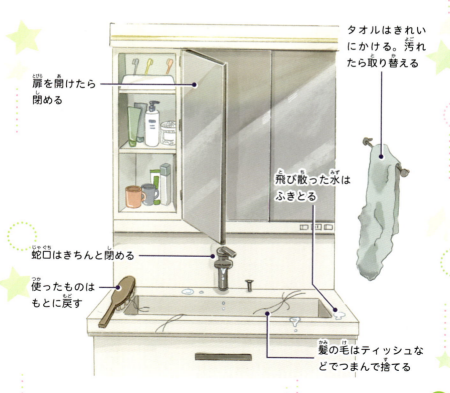

タオルはきれいにかける。汚れたら取り替える

扉を開けたら閉める

飛び散った水はふきとる

蛇口はきちんと閉める

使ったものはもとに戻す

髪の毛はティッシュなどでつまんで捨てる

脱衣所の片づけマナー

床やマットがぬれていると次の人がイヤな気持ちになるよ。

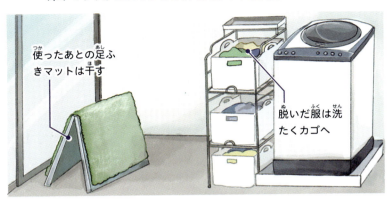

使ったあとの足ふきマットは干す

脱いだ服は洗たくカゴへ

これはNG！

✗ **ひどい汚れのもの**	✗ **丸まったままのくつ下**	✗ **そでやすそがちゃんと出ていない**

まず手洗いしよう

洗たくものはしっかり広げて入れよう

そうじをするときは

洗面台をふく

使い終わったあとにタオルでさっとふけば、汚れはあまりつかないはず。タオルはすぐに洗たくをしてね。

鏡は二度ぶき

ぬれた布で汚れをふいたあと、かわいた布でふこう。傷つけないように、やさしくふいてね。

蛇口をみがく

古い布をぬらしたものでみがいてあげると、ピカピカになるよ。

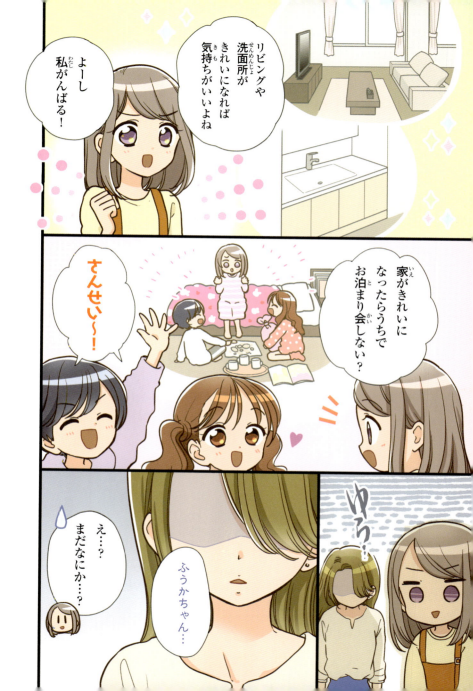

トイレやお風呂もみんなで使うスペース

大そうじはムリでもふだんから自分でできることがあるよ

で…できることって…

使ったあとは汚れていないか見る

トイレットペーパーがなくなったら替える

生理用品をきちんと捨てる

汚れていたらそうじ！

マットが水びたしにならないようお風呂から出る前に体の水分をぬぐう

排水溝のゴミはティッシュでつまんで捨てる

最後の人は電気を消して換気する

レッスン 38 トイレの片づけマナーとそうじ

自分の使ったあとの汚れを、人に見られるのはイヤだよね。使い終わったあとは毎回トイレの中をチェックしよう。

トイレを使ったあとは

汚れていないか、トイレットペーパーが切れていないかをチェック。

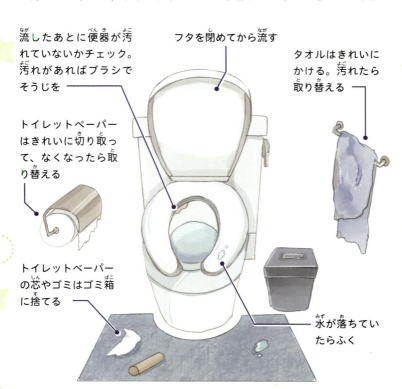

流したあとに便器が汚れていないかチェック。汚れがあればブラシでそうじを

フタを閉めてから流す

タオルはきれいにかける。汚れたら取り替える

トイレットペーパーはきれいに切り取って、なくなったら取り替える

トイレットペーパーの芯やゴミはゴミ箱に捨てる

水が落ちていたらふく

トイレをそうじするときは

雑菌が広がらないように、汚れの軽いところからそうじしよう。

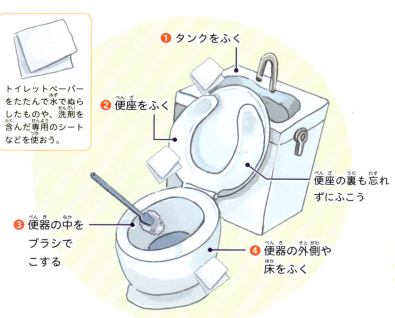

トイレットペーパーをたたんで水でぬらしたものや、洗剤を含んだ専用のシートなどを使おう。

❶ タンクをふく

❷ 便座をふく

便座の裏も忘れずにふこう

❸ 便器の中をブラシでこする

❹ 便器の外側や床をふく

ナプキンはきれいに捨てよう

❶ 経血がついている面を内側にして丸めたあと、ナプキンの包みでくるむ。

❷ テープでとめて専用のゴミ箱に入れる。

ゴミの日に捨てて、新しい袋をセットしよう。

お風呂の片づけ
マナーとそうじ

使い終わったあとの片づけマナーに気をつければ、汚れにくくなって、そうじもラクになるよ。最後にお風呂からあがるときは特に気をつけよう。

お風呂をそうじするときは

湯ぶねは毎日お湯を入れる前にそうじしておこう。

スポンジで汚れを落とす

湯ぶねには人のアカや水アカがついているから、毎日そうじしよう。洗面器などの小物は、カビがつく前にスポンジでぬめりをとってね。
※水アカ＝水道水の中のカルシウムなどが固まったもの

古い布などでこする

蛇口は古い布をぬらしたものでするとピカピカになるよ。排水溝の髪の毛をそうじしたあと、網目についた汚れも古い布でこすり落とそう。

お風呂を使ったあとは

次の人が気持ちよく使えるように、清潔にしておこう。

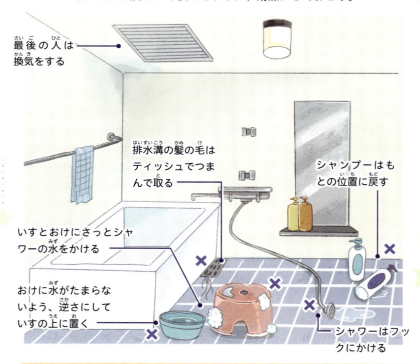

最後の人は換気をする

排水溝の髪の毛はティッシュでつまんで取る

シャンプーはもとの位置に戻す

いすとおけにさっとシャワーの水をかける

おけに水がたまらないよう、逆さにしていすの上に置く

シャワーはフックにかける

こんなところもチェックしよう

**蛇口は
ちゃんと閉めた?**

水や熱い湯を出したときも、適温に戻しておこう。

**シャンプーに
泡が残っていない?**

せっけんやシャンプーの泡はきれいに洗い流しておこう。

**壁や床に
髪の毛がついていない?**

最後に壁や床にシャワーの水をかけて洗い流そう。

バッグの中も片づけよう

バッグの中も「全部出す→分ける→しまう場所を決める」で整理しよう。

STEP1

全部出す

机の上にバッグの中身をすべて出そう。ゴミがあれば捨てて、バッグの中のほこりも取ろうね。

STEP2

分ける

取り出す回数が多いものとそれ以外に分けよう。「大事なもの」「身だしなみセット」など用途ごとに分けてもいいよ。

STEP3

しまう場所を決める

バッグの中の仕切りに合わせて、自分が使いやすいようにしまう場所を決めよう。あまり使わないものはポーチにまとめてもいいね。

仕切りがないときは

種類ごとにポーチに分けて、口を開けたままバッグに入れると、取り出しやすいよ。

PART6

部屋をイメージチェンジしよう

ふうかの部屋 Before

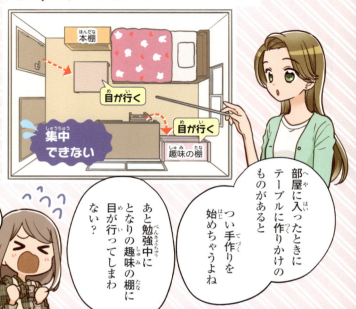

本棚

目が行く

集中
できない

目が行く

趣味の棚

部屋に入ったときに
テーブルに作りかけの
ものがあると
つい手作りを
始めちゃうよね

あと勉強中に
となりの趣味の棚に
目が行ってしまわ
ない？

そう
なんです～！

After

メリハリ

集中！

本棚

趣味の棚

趣味のスペース

たとえば家具を
こんなふうに
動かすと
変わるかも！

なるほど～

200

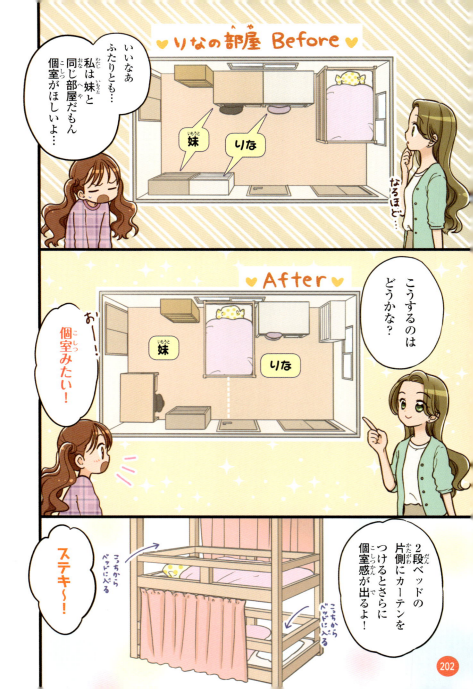

♥ りなの部屋 Before ♥

妹

りな

いいなあ
ふたりとも…
私は妹と
同じ部屋だもん
個室がほしいよ…

なるほど…

♥ After ♥

妹

りな

こうするのは
どうかな？

おー…！
個室みたい！

ステキ〜！

こっちから
ベッドに入る

こっちから
ベッドに入る

2段ベッドの
片側にカーテンを
つけるとさらに
個室感が出るよ！

Before

After

リメイクシート

リメイクシートや
マスキングテープで
棚のイメージを
変えてもいいね

モビールに
する

ステキ！

ふうかちゃんが
作ったビーズ作品は
こんなかざり方を
しても！

ビニールポケットに
入れる

使いやすい位置に家具を置きかえる

大きい家具をひとりで動かすのはキケンだから、家の人に手伝ってもらってね。必ず部屋が片づいた状態で始めよう。

家具を置きかえるメリット

部屋が使いやすい

立ち上がらないと取れなかったものが、座ったまま取り出せるなど、使いやすくなるよ。

気分転換になる

部屋の雰囲気ががらりと変わるので、新鮮な気分になりストレス解消にもなるかも。

そうじが行き届く

ずっと動かしていない家具の裏にはほこりがいっぱい。この機会にきれいにそうじしよう。

もよう替えを始める前に

⚠ 家具の長さをはかっておく

「家具がすき間に入らない」というトラブルがないように、事前に家具の長さや部屋の長さをはかって予測をしよう。

⚠ 家具の中はからっぽに

ものを入れたまま家具を動かすと、重くて動かしづらいし、床に傷がつくことも。めんどうでもすべて出してね。

206

背の高い家具を横にしてみる

BEFORE

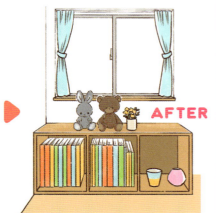

AFTER

いつもはたてに使っているカラーボックスを横にするだけでも、イメージチェンジできるよ。

これは NG！

✕ 窓をふさぐ

外からの光が入らないと、部屋の中が暗くせまく見えるよ。どうしても置きたいときは、光を通す透明のものを少しだけにしよう。

✕ 高い家具を部屋の中央に置く

仕切り代わりに本棚などを部屋の中央に置くと、入り口から奥が見通せず、部屋がせまく見えるよ。倒れるキケンもあるからやめよう。

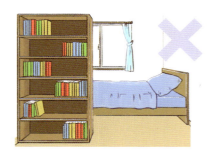

部屋の色を変えてみる

たとえ家具の位置が変えられなくても、部屋のイメージカラーを変えるだけで、雰囲気が変わるよ。

カーテンとベッドカバーの色を変える

部屋の中で一番広い部分を占めるカーテンとベッド（布団）カバー。
このふたつの色を変えるだけで、部屋のイメージががらりとかわるよ。

BEFORE

かわいい感じから

AFTER

ポイント

カーテンとベッドカバーは2色ずつ用意して、洗たくのたびに変えてもいいね。

一気に大人っぽく！

プチテク

カーテンとベッドカバーは同系色に

ふたつの色がバラバラだったり、どちらも柄ものだったりすると、ケンカして部屋がごちゃごちゃした印象になっちゃうよ。なるべく同系色にして、柄はどちらか一方だけにしよう。

明るい色をベースにする

床や壁の色は白系がおすすめ

床や壁の色が白系なら、部屋が明るく広く見えるし、どんな色とも合わせやすいよ。部屋の色は白やベージュを基本に、3色くらいでまとめるのがおすすめ。

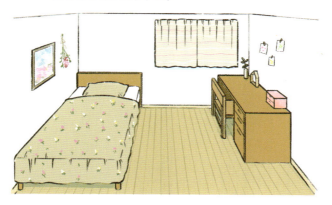

プチテク

夏は涼しい色、冬はあたたかい色がおすすめ

青や緑などの色は涼しく感じるので、夏におすすめ。赤やオレンジなどの色はあたたかみを感じるから、冬におすすめだよ。

部屋のイメージを変えてみる

ここで紹介したイメージ以外にも、雑誌やインターネットなどで、あこがれの部屋を探してみよう。できるところからまねするといいね。

ナチュラル系

白
（ベージュ）
×
茶色や緑系

小さめの柄のシンプルなカーテン

リメイクシートを活用して木目調に
★212ページを見てね

かざるものでいろどりをプラス

白系の収納グッズでそろえる

茶系の収納グッズでそろえる

フェイクグリーンなどを置いてさし色に

ガーリー系

白（しろ） × ピンク系（けい）

はなやかでかわいらしいアイテムをかざる

うすいピンクと濃いピンクを組み合わせる

シンプルな白のケースにシールなどでアクセントを

さわやか系

白（しろ） × ブルー系（けい）

デニムっぽいリメイクシートで変身（へんしん）

かざりもブルーにしてポップに

ストライプ柄（がら）がおすすめ

スチール製（せい）の収納（しゅうのう）グッズがおすすめ

レッスン43 カーテンとリメイクシートで棚をチェンジ

棚をイメージチェンジするのは実はとってもカンタン。100円ショップで買えるカーテンやリメイクシートを活用しよう。

ミニカーテンを作ろう

棚の幅や高さに合わせて布の長さをしっかりはかってから取りつけよう。

\カンタン！/
ピンでとめるだけ

まず両端をピンでとめてから等間隔でピンをとめていこう。

⚠️ **注意**

とめるところが少ないとカーテンが取れることがあるよ。10cmくらいの間隔でとめよう。

\使いやすい！/
つっぱり棒を使って

つっぱり棒は落ちてこないようにしっかりとめよう。

カーテンクリップで布をはさんで、つっぱり棒に通そう。

リメイクシートを使ってみよう

リメイクシートって？

シールのように裏にのりがついているシート。好みの長さに切って貼るだけで、棚などをイメチェンできるよ。傷をかくしたいときにもおすすめ。

⚠ 注意

シートをまちがって貼ったときに、きれいにはがせるかどうかまず確認を。目立たないところにシートを少し貼ってから、はがしてみよう。棚の表面がはがれなければOK。

❶ はりたい棚をふく

中に入っているものを出して、棚全体をきれいにふこう。
★169ページも見てね

水ぶきしたときは、しっかりかわかしてからシートを貼ろう。

❷ シートを切る

貼りたい場所のサイズをはかり、それより少し大きめにシートを切ろう。あまったシートは丸く切り抜いて壁に貼るのもおすすめ。
★215ページを見てね

もようの向きを確認してね

❸ シートを貼る

上から下に向かって、裏の「はくり紙」をはがしながら貼ろう。空気が入らないように、貼った部分を手でなでながら貼るといいよ。最後にはみ出た部分をカットしてね。

プチテク 先にマスキングテープを貼って、その上からシートを貼れば、シートをはがしたいときに棚を傷つけずにはがせるよ。

マスキングテープで部屋をデコろう

貼ったりはがしたりできるマスキングテープは、お手軽に部屋をイメージチェンジするのにぴったり。いろいろ試してみてね。

お気に入りの写真や絵をかざろう

お気に入りの写真や絵ハガキ、ポスターなどを、かわいいマステでかざろう。

1枚でラフに

カギカッコ風に

2枚でななめに

しっかり囲んでがくぶち風に

棚にならんでいるイメージで

マステの接着面を表にしてわをつくり、写真などのウラに貼ってとめよう。

⚠ **注意** はがすときに壁や棚の表面がはがれないか、事前に目立たないところでチェックしてね。家の人にも相談しよう。

壁や棚にいろいろな柄を貼ろう

壁や棚がカンタンにかわいくイメチェンできるよ。いろいろな柄に挑戦しよう。

ストライプ柄

等間隔に貼るだけ！棚のイメチェンにおすすめ

クロス柄

向きを変えたり、色を変えたりして楽しもう

ドット柄

❶ 何種類かのマステをクッキングペーパーに貼る。端同士が少し重なるように貼るのがコツ。そのあと、円を書く。

❷ はさみで切ってクッキングペーパーをはがして壁に貼る。

壁に絵や文字をかこう

季節のイベントなどのたびに、マステで絵や文字をかけば気分が盛り上がるよ。

ろうそくの形に

HAPPY iii BIRTHDAY

MERRYXMAS

HALLOWEEN

くものすもカンタン！

星のシールを貼ってもかわいい

レッスン45 モビールやガーランドを作ってかざろう

部屋をかわいくしてくれるモビールやガーランド。100円ショップの素材でカンタンに作っちゃおう。

紙とひもでかわいく作ろう

画用紙などのハリのある紙を好きな形に切って、麻ひもやリボン、毛糸などにセロハンテープでとめてつなげよう。

ガーランド

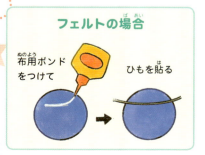

❶ひもを上の方に貼る。

❷壁に貼ってできあがり。

フェルトの場合

布用ボンドをつけて ➡ ひもを貼る

モビール

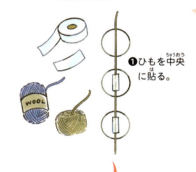

❶ひもを中央に貼る。

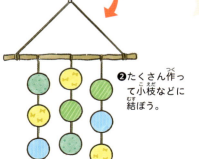

❷たくさん作って小枝などに結ぼう。

プチテク

マスキングテープを使って

❶マステを切ってひもに貼る。

フラッグ風 ❷端をはさみでカット。 **リボン風**

端をVの字に切ると…
フラッグ（旗）風に

端を逆Vの形に切ると…
リボン風に

コースターを使って

❶マーカーなどで好きな色をぬったり、柄をかいたりする。

❷つなげれば完成！

※テープがくっつかない場合は、ボンドなどで貼ろう。

毛糸を使って

❶毛糸を厚紙に巻きつける。

❷中央をしばり、わになった部分を切る。

❸手でほぐして丸く形をととのえる。余分な部分ははさみでカット。

❹いくつも作って毛糸でつなごう。

趣味のものをおしゃれにかざろう

アクセサリーやヘアゴムなどのこまかいものや、背表紙がバラバラのデザインの本をおしゃれにかざる方法を教えるよ。

アクセサリーなどの小物を飾ろう

コルクボードで

コルクボードにかわいいピンをさして、ヘアゴムやネックレスなどをつるそう。

ワイヤーラックで

小さい透明バッグに小物を入れて、ワイヤーラックに木製クリップではさむとおしゃれ。

ウォールポケットで

気に入った柄の紙をポケットのサイズに切って入れてから小物を入れるとかわいいよ。

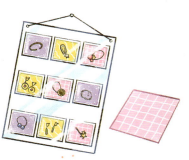

見た目をすっきりさせよう

いろいろなものが集まっている棚は、どうしても色やデザインが
ごちゃごちゃして見えがち。こんな工夫をしてみては？

バッグに入れてならべる

こまごましたものや、お片づけ
途中のものは、エコバッグなど
に入れてつるすとすっきりする
よ。布用マーカーなどで絵をか
いてもいいね。

ブックカバーをそろえる

おそろいのブックカバーにすると、本
棚がすっきり見えるよ。包装紙を使っ
てもいいし、ブックカバー用のデザイ
ンを選べるウェブサイトもあるから、
ダウンロードして印刷してもいいね。

❶ 本のサイズに
合わせて紙の
上下を折る。

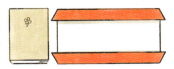

❷ 本に巻いて閉
じ、余った部
分を折り込む。

❸ 折り返した部分
に、本の表紙と裏
表紙をそれぞれ差
し込む。

❹ 背表紙にタイ
トルを書く

マステに書
いて貼ると
ラクチン！

片づけ上手な ステキ女子増加中☆

ねえねえ！

ふうか

最近
笑顔が増えたし
手作り小物も
ステキだね

あなたの **おなやみ** 聞かせてください！

よりよい本づくりのために、本の感想やなやみを教えてください。
今後の本づくりの参考にいたします。

みんなのリアルアンケート

Q1 よかったと思う「おなやみストーリー」を番号で、3つ教えてください。

おなやみストーリー①

番号はココ！

レッスン①

Q2 Q1で選んだ理由を教えてください。

Q3 役に立ったと思う「レッスン」を番号で、3つ教えてください。

Q4 Q3で選んだ理由を教えてください。

Q5 いまなやんでいる「カラダにまつわるなやみ」を具体的に教えてください。

Q6 いまなやんでいる「ココロにまつわるなやみ」を具体的に教えてください。

Q7 そのほかで知りたいことがあれば、教えてください。

あなたのリアルな声を聞かせてね！

- 下のあて先までおハガキ、お手紙のどちらかで送ってください。
- 「名前」「年れい」と「学年」を書いてください。
  （あなたのお名前が本にのることはありません）

あて先
〒113-0034 東京都文京区湯島2-3-13 株式会社西東社
「ステキ女子の片づけレッスン おなやみ募集」係

監修者 瀧本真奈美（たきもと まなみ）

クラシング代表。整理収納コンサルタント、暮らしコーディネーター。愛媛県生まれ、在住。整理収納アドバイザー、整理収納教育士、片づけ遊び指導士などの多数の資格を持ち、インテリア誌をはじめとする120冊以上の雑誌や、テレビなどで活躍中。著書に『自分に心地よい小さな暮らしごと』（主婦の友社）など多数。WEB上の総フォロワーは17万人を超える。

https://www.kurashiing.com/

マンガ	三月トモコ
イラスト	餅田むぅ(PART1)、水玉子(PART2)、おおいま奏都(PART3)、りーりん(PART4)、パン山おにぎり(PART5)、miii(PART6)
デザイン・DTP	佐藤明日香、鄭ジェイン(スタジオダンク)
編集協力	岡 未来

ミラクルガール相談室
ステキ女子の片づけレッスン

監修者	瀧本真奈美
発行者	若松和紀
発行所	株式会社 西東社
	〒113-0034 東京都文京区湯島2-3-13
	https://www.seitosha.co.jp/
	電話　03-5800-3120(代)

※本書に記載のない内容のご質問や著者等の連絡先につきましては、お答えできかねます。

落丁・乱丁本は、小社「営業」宛にご送付ください。送料小社負担にてお取り替えいたします。本書の内容の一部あるいは全部を無断で複製（コピー・データファイル化すること）、転載（ウェブサイト・ブログ等の電子メディアも含む）することは、法律で認められた場合を除き、著作者及び出版社の権利を侵害することになります。代行業者等の第三者に依頼して本書を電子データ化することも認められておりません。

ISBN 978-4-7916-2839-1